IM SCHATTEN DES FELDMARSCHALLS

BRIAN McCLELLAN

Geschichten aus dem Powder-Mage-Universum

Ins Deutsche übersetzt von
Johannes Neubert

cross cult

Die deutsche Ausgabe von DIE POWDER-MAGE-CHRONIKEN:
IM SCHATTEN DES FELDMARSCHALLS – GESCHICHTEN AUS DEM POWDER-MAGE-UNIVERSUM
wird herausgegeben von Cross Cult, Teinacher Straße 72, 71634 Ludwigsburg.
Herausgeber: Andreas Mergenthaler, Übersetzung: Johannes Neubert;
verantwortlicher Redakteur und Lektorat: Markus Rohde; Lektorat: Kerstin Feuersänger;
Korrektorat: Peter Schild; Satz: Rowan Rüster; Cover-Illustration: René Aigner;
Printausgabe gedruckt von CPI Moravia Books s.r.o., CZ-69123 Pohořelice.
Printed in the EU.

Titel der Originalausgabe:
IN THE FIELD MARSHAL'S SHADOW: STORIES FROM THE POWDER MAGE UNIVERSE

Print ISBN 978-3-96658-319-0 (März 2021)
E-Book ISBN 978-3-96658-320-6 (März 2021)

WWW.CROSS-CULT.DE

INHALT

HIMMELFAHRTS-KOMMANDO

Achtzehn Jahre vor den Ereignissen aus »Blutschwur«

Captain Verundish dachte darüber nach, sich umzubringen.

Die Pistole lag in ihrem Schoß; der Lauf war geladen, der Hahn gespannt und die Pulverpfanne befüllt.

Es würde ein Leichtes sein, den Lauf in den Mund zu nehmen, die Mündung nach oben auf ihr Gehirn zu richten und abzudrücken. Irgendein armer Infanterist würde das Blut und die Knochenstückchen von der Rückwand ihres Zeltes waschen müssen – oder vielleicht würden sie es einfach nur abbauen und verbrennen. Ihre Leiche würde zurück nach Adro überführt werden, wo sie ...

Ach, wieso sich darum kümmern, was danach passierte? Nichts davon würde für sie irgendeine Rolle spielen.

Sie legte ihre Finger um den Griff der Pistole, die einst ihrem Großvater gehört hatte. Der Griff hatte eine glatte, abgenutzte Oberfläche, und sie war froh, dass sie so wenige Angehörige zurücklassen würde, die um sie trauerten. *Würden* sie überhaupt um sie trauern, wenn sie sich für den feigen Ausweg entschied?

Würde Genevie sich an ihre Mutter erinnern?

Ein Brief lag auf dem Tisch neben ihrem Feldbett. Der Absender war ein junger Mann, der sich zwar dem Gesetz nach als ihr Ehemann bezeichnen konnte, aber abgesehen davon keinerlei Anspruch darauf hatte, sich so zu nennen. Verundish wollte den Brief verbrennen und dessen Inhalt vernichten.

Vor ihrem Zelt grüßte eine bekannte Stimme jemanden. Verundish schob die Pistole unter ihr Kissen und klopfte sich gerade noch die letzten Reste Schießpulver aus dem Schoß, als ein Mann die Zelttür aufwarf.

Captain Constaire betrat das Zelt und zog seinen Hut mit einer schwungvollen Bewegung. Er war ein großer, gertenschlanker Mann; sein langes, braunes Haar hatte er über einer Schulter zurückgebunden, und er hatte die schelmischen Augen eines Spaßvogels. Seine dichten Koteletten reichten bis zu seinen Mundwinkeln, und seine Uniform hing locker von seinem drahtigen Körper.

Er kam zu ihr, beugte sich herunter und küsste sie auf den Mund, was ihre Proteste im Keim erstickte. Einen Moment später küsste sie ihn zurück, und nach viel zu kurzer Zeit riss Constaire sich mit einem Grinsen im Gesicht von ihr los. »Liebes«, sagte er, »ich wollte nur kurz vorbeischauen auf meinem Weg zu General Tamas.«

Verundish zog die Augenbrauen hoch. »Die Beförderung?«

»Ich denke schon.« Constaire richtete sich zu seiner vollen Größe auf, wobei sein Kopf die Spitze ihres Zeltes anhob, und tat so, als würde er sich einen Umhang über den Arm werfen. »Das nächste Mal, wenn wir uns sehen, werde ich Major Constaire sein.«

Verundish lehnte sich auf ihrem Feldbett zurück und betrachtete den Mann.

»Du bist ein Narr.«

»Aber du liebst mich trotzdem.«

»Ich bin keine kluge Frau.«

Er hielt inne, so als spüre er, dass etwas nicht stimmte. »Verie?«

Sie schüttelte leicht den Kopf als eine Warnung, nicht nachzufragen.

Er ignorierte sie.

»Was ist los?«

»Nichts.«

»Sag es mir. Hat er noch einen Brief geschickt?« Seine Augen wanderten zu dem Umschlag auf dem Tisch neben ihrem Feldbett. »Dieser verdammte Mistkerl! Was will er diesmal? Geht es Genevie gut?«

»Es ist nichts«, sagte Verundish leise. Constaire machte es ihr nicht leicht. Es wäre besser, wenn sie keinen Liebhaber hätte, niemanden, der sich ihren Tod zu Herzen nehmen würde. Das würde die Dinge einfacher machen. Sie tat einen tiefen Atemzug und rief sich ins Gedächtnis, dass das hier nur eine Soldatenliebe war. Früher oder später würde der Feldzug enden und sie beide nach Hause zurückkehren. Constaire würde sich eine jüngere Frau suchen, und Verundish würde zurückkehren in ein kaltes Haus mit einem verabscheuungswürdigen Ehemann.

Nun. Sie würde nicht dorthin zurückkehren müssen, wenn sie sich umbrächte.

Constaire ging auf ein Knie. »Lass dich von ihm scheiden«, sagte er. »Heirate mich. Ich werde gleich zum Major ernannt. Wir könnten nach Adopest zurückgehen und Genevie von diesem Monster befreien.«

Oh, dieser Narr. Er streute ihr bloß Salz in die Wunde. »Das meinst du nicht ernst.«

»Doch, tue ich. Todernst.«

Wenn es doch nur so einfach wäre. Aber das Leben, hatte ihre Mutter ihr immer gesagt, war niemals einfach. »Er wünscht sich eine Scheidung noch mehr als ich«, sagte Verundish.

»Perfekt! Beantrage eine Scheidung und heirate mich.«

»Weißt du, wer mein Vater ist?«

Constaire wirkte verblüfft. »Ich glaube, du hattest gesagt, er sei ein Priester.«

»Ja. Er ist der Priester, der uns getraut hat, und er würde die Papiere unterzeichnen müssen, die meine Scheidung rechtskräftig machen.«

Constaire machte ein langes Gesicht und ließ sich nach hinten sinken, bis er auf dem Boden ihres Zeltes saß. »Und er glaubt nicht an Scheidung. Ist es das?«

»Er denkt, dass es eine Sünde gegen Kresimir ist. Er denkt, dass es besser ist, dass ich diese Ehe durchstehe mit einem Mann, der mich betrügt und klaut und lügt und meiner Tochter Schläge androht, als geschieden zu werden.«

»Es tut mir leid, das sagen zu müssen, meine Liebe, aber dein Vater ist ein Narr.«

»Ich weiß. Ich habe ihm das bereits ins Gesicht gesagt. Du bist spät dran für dein Treffen mit dem General. Du gehst jetzt besser.« Sie lehnte sich nach vorne und berührte seine Knie, dann strich sie ihm mit dem Daumen über die Wange. »Komm wieder, wenn du durch bist, und dann feiern wir.«

Constaire verließ das Zelt mit den federnden Schritten eines jungen Mannes, dessen Welt rosig aussah. Verundish behielt ihr Lächeln im Gesicht, bis er weg war, dann ließ sie es fallen wie eine abgenutzte Maske.

Sie hob den Brief auf und las den letzten Absatz.

Dein Vater will immer noch nicht in die Scheidung einwilligen. Ich habe die Absicht, meine Geliebte bis Ende des Jahres zu heiraten. Entweder du sorgst dafür, dass wir geschieden werden, oder du bringst dich um. Wenn ich dich nicht innerhalb von drei Monaten los bin, werde ich das Mädchen an einen starländischen Sklavenhändler verkaufen.

Sie wusste nicht, wie viel Zeit vergangen war, aber als sie Constaires Stimme vor ihrem Zelt ihren Namen rufen hörte, starrte Verundish den Brief immer noch an. Sie rührte sich und bemerkte das ferne Donnern der adronischen Artillerie, die auf die gurlische Festung Darjah einhämmerte. Sie konnte den Lärm ihrer Kampfgefährten hören, die sich auf das Abendessen vorbereiteten.

Sie hatte vorgehabt, bei Constaires Rückkehr deutlich weniger anzuhaben. Sie mühte sich zu lächeln. Das war das Mindeste, was sie tun konnte.

Moment. Etwas stimmte nicht. Constaire rief niemals mit ihrem vollen Namen nach ihr. Er war der Einzige in der Armee, der die Frechheit besaß, sie »Verie« zu nennen. Er war der einzige Mann in der Armee, dem sie das durchgehen lassen würde. Und sie konnte sich nicht an das letzte Mal erinnern, dass er gefragt hatte, bevor er ihr Zelt betreten hatte.

»Herein«, sagte sie.

Constaires übliches Lächeln war verschwunden, und seine Augen waren blicklos und gequält, als er hereinkam. Verundish hatte einen ähnlichen Gesichtsausdruck bei Männern gesehen, die bei Kanonenbeschuss eine Gliedmaße verloren hatten oder hatten zusehen müssen, wie ein Freund neben ihnen niedergeschossen wurde.

»Was ist los?«, fragte sie und verstaute ihre eigenen Sorgen in ihrem Hinterkopf. Sie würde heute Nacht noch genügend Zeit haben, sich zu erschießen, nachdem Constaire gegangen war.

»Darf ich mich setzen?«, fragte er. Sein Blick wich ihrem aus.

Verundish erinnerte sich an all die Male, in denen er in ihr Zelt gestürmt war und sie hochgehoben hatte und sie dann beide lachend auf ihrem Feldbett gelandet waren. Ihre Sorge vertiefte sich. »Natürlich.« Sie zog die Decken glatt, wobei sie die geladene Pistole unter ihrem Kissen unauffällig in ein besseres Versteck unter ihrem Feldbett legte.

Constaire setzte sich neben sie auf das Feldbett. Sie nahm seine Hand und bemerkte den starken Kontrast zwischen seiner zarten, weißen Haut und ihren dunklen, rauen Fingern. Constaire hatte in seinem ganzen Leben keinen Tag gearbeitet, aber Verundish machte ihm dafür keinen Vorwurf. Es war seine sorglose Art, die ihn für sie überhaupt erst attraktiv gemacht hatte.

»Sie haben mich dazu ausgewählt, das Himmelfahrtskommando gegen Darjah anzuführen«, sagte Constaire.

Verundish stockte der Atem. »Nein. Ich dachte, du warst für eine Beförderung vorgesehen!«

»Falls ich überlebe, werde ich zum Major befördert.« Ein müder Hauch eines Lächelns huschte ihm über die Lippen und verschwand wieder. Er neigte den Kopf nach vorne wie zum Gebet.

Das Himmelfahrtskommando. Die vorderste Stoßtruppe bei einem Sturmangriff auf eine feindliche Festung. Die Ersten, die durch die Bresche gingen und sich aufgepflanzten Bajonetten, Kanonen und Magie stellten. Mitglieder des Himmelfahrtskommandos überlebten nur selten die erste Salve, geschweige denn die Eroberung der Festung.

»Gibt es nichts, was du tun kannst?«, fragte Verundish.

Constaire schüttelte den Kopf. »Der Befehl kam direkt von General Tamas.« Sein Auge zuckte. »Ich glaube, ihm gefällt nicht, dass mein Vater mir diesen Offiziersposten erkauft hat.«

General Tamas war berüchtigt für seine Überzeugung, dass ein Offiziersrang verdient und nicht erkauft sein sollte. Er setzte Adlige häufig gefährlichen Situationen aus, um sie auf die Probe zu stellen. Seine Ansichten kamen den Bürgerlichen unter seinem Kommando zugute, und die Männer liebten ihn dafür. Aber das hier ging zu weit. Constaire würde sterben.

»Wieso ein Himmelfahrtskommando? Wieso jetzt?«

Constaire betrachtete seine Stiefel. »Feldmarschall Beravich hat befohlen, dass die Stadt unverzüglich eingenommen wird. Ich mag mir gar nicht vorstellen, welche Druckmittel er gegen General Tamas in der Hand hält.«

»Wann ist es so weit?«, fragte Verundish.

»In drei Tagen. Bis dahin verdoppeln wir den Artilleriebeschuss. Die Privilegierten sagen, dass sie eine Schwachstelle in der Mauer entdeckt haben und sie in der Nacht des Angriffs ausnutzen werden. Sie werden eine Bresche schlagen, die gerade groß genug ist, dass wir in die Festung eindringen können.«

Verundish lehnte sich auf ihrem Feldbett zurück. Es war tatsächlich möglich, dass es die Privilegierten-Magier schaffen könnten, mit ihrer mächtigen Elementarmagie endlich eine Bresche in die Mauer zu schlagen. Dennoch war ein Himmelfahrtskommando eine recht weit verbreitete Taktik. Die Gurlaner würden darauf vorbereitet sein.

»Ich sollte fliehen«, sagte Constaire.

»Dann wirst du zum Feigling erklärt werden.«

»Lieber ein lebender Feigling als ein toter Held.«

Verundish drückte seine Hand. »Du würdest nicht weit kommen. Du weißt, was General Tamas von Deserteuren hält. Er würde dich fangen und hängen, und dann wärst du sowohl ein Feigling als auch tot.«

»Ich kann es schaffen«, sagte Constaire. »Ich habe Freunde ...« Er verstummte und schien seine Optionen durchzudenken.

»Tu es nicht«, bat Verundish.

Ein Hauch von Zweifel huschte über Constaires Gesicht.

»Bleib hier heute Nacht«, sagte Verundish. »Und versprich mir, dass du bis morgen nichts Unüberlegtes tust.«

Sie nahm Constaire in ihre Arme und dachte, dass sie vielleicht für beide Probleme eine Lösung hatte.

✦

General Tamas war kein Mann, den man verärgern wollte.

Der Sohn eines Apothekers war der erste Bürgerliche, der jemals den Rang eines Generals der adronischen Armee innehatte. Das Volk liebte ihn, und der König respektierte ihn. Er war sowohl ein Taktiker als auch ein Krieger und der einzige Pulvermagier in den ganzen Neun, der eine so hohe Position bekleidete.

Gerüchten zufolge fürchteten ihn sogar die Privilegierten-Magier des königlichen Kabals.

Und zwar zu recht. Pulvermagier konnten sich gewöhnliches Schießpulver einverleiben und dadurch stärker und schneller werden als normale Menschen. Sie konnten ihre Magie dazu nutzen, eine Kugel über ein ganzes Schlachtfeld fliegen zu lassen und ihr Ziel aus mehr als einer Meile Entfernung zu töten. Sie waren einige der effektivsten und fähigsten Killer in der ganzen Armee.

Es war der Morgen nach Constaires Besuch bei Verundish. Sie stand in Habachtstellung in der Ecke von Tamas' Kommandozelt, mit den Händen an den Seiten, den Beinen zusammen und durchgestrecktem Rücken. Der General war über einen großen Tisch gebeugt, auf dem er eine Geländekarte von Gurla mit den Händen glatt hielt. Seine Augen überflogen das vergilbte Papier mehrere Minuten lang; seine Lippen bewegten sich leicht, während er etwas im Kopf ausrechnete.

»Diese Karte«, sagte er und durchbrach die Stille, die über fünfzehn Minuten angedauert hatte, »ist fast zweihundert Jahre alt.«

»Sir?«, fragte Verundish.

»Zweihundert Jahre alt, Captain. Wir haben die beste Armee der gesamten Welt, und wir kriegen es nicht hin, eine aktuelle Karte von diesem verdammten Gebiet zu besorgen. Kann ich Ihnen helfen, Captain?«

Verundish öffnete den Mund, doch Tamas unterbrach sie, bevor sie etwas sagen konnte.

»Darjah ist eine der ältesten Festungen in ganz Gurla. Die Mauern sind durchzogen von Schutzmagie, und der Boden um die Festung herum ist voller Schutzzauber, die einen Mann töten können, wenn er darauf tritt.« Tamas stieß sich vom Tisch ab und fing an, an einem Ende des Zeltes auf und ab zu gehen.

»Feldmarschall Beravich hat mir gerade mal eine halbe Brigade und nur vier Privilegierten-Magier gegeben. Hundert Mann könnten Darjah gegen uns halten, und der Schah, der sich dort verschanzt, hat über tausend Mann. Und sieben Privilegierte. Sieben!«

Tamas ließ sich in einer Ecke des Zeltes auf einen Stuhl fallen und drehte den Kopf zu Verundish. »Beravich liebt es, mich versagen zu sehen. Ganz besonders, weil es so selten vorkommt. Es interessiert ihn nicht, wie viele Männer dafür sterben müssen, dass es passiert. Also, warum wollten Sie mich sehen?«

Wieso erzählte Tamas ihr das alles? Die meisten Offiziere würden es als unprofessionell ansehen, mit jemandem von niedrigerem Rang so geradeheraus zu sprechen. Verundish räusperte sich.

Tamas hob einen Finger und unterbrach sie wieder. »Ich sollte Ihnen sagen, dass hier den ganzen Morgen lang Soldaten ein- und ausgegangen sind und mich gebeten haben, meinen Befehl zurückzunehmen, dass Captain Constaire das Himmelfahrtskommando anführt. Ich weiß, dass Sie seine Liebhaberin sind. Es ist mir egal, wie beliebt der Mann ist, er wird den Angriff anführen. Jeder hier muss irgendwann sein Leben riskieren. Sind Sie deswegen hier? Um meine Zeit zu verschwenden?«

Das Letzte, was Verundish wollte, war, Tamas' ohnehin schon schlechte Laune noch zu verschlimmern. Sie zwang sich, keinen Streit mit ihm anzufangen. »Ganz im Gegenteil, Sir. Ich bin hier, um mich als Ersatz für Constaire anzubieten.«

Der Stuhl knarzte, als Tamas sich zurücklehnte und nachdenklich über seinen schwarzen Schnurrbart strich. Einen Moment lang meinte Verundish, sehen zu können, wie sich Tamas' Gedanken hinter seinen strengen braunen Augen neu formierten, als er sie einzuschätzen versuchte.

»Interessant«, sagte er und erhob sich. »Sie sind eine intelligente, mutige, junge Offizierin. Wenn Sie sich in den kommenden Jahren beweisen, stehen Ihnen wahrscheinlich mehrere Beförderungen bevor. Constaire hingegen ist ein Fatzke. Er hat keinen Wert für mich. Wieso zur Grube sollte ich zulassen, dass Sie an seiner Stelle sterben?«

»Jung« hatte er sie genannt, obwohl Tamas, ein Mann in seinen Vierzigern, nicht mehr als ein Jahrzehnt älter sein konnte als sie.

»Weil ich mich freiwillig gemeldet habe«, sagte Verundish. »Und Sie wissen, dass ein Sturmangriff effektiver ist, wenn er von einem Freiwilligen angeführt wird.«

»Höre ich da aus Ihrer Stimme einen herausfordernden Ton heraus, Captain?«, fragte Tamas. »Nein, beantworten Sie das nicht. Ich habe es immer gehasst, wenn ein vorgesetzter Offizier mich dazu gezwungen hat, mich zwischen meinem Stolz und Unaufrichtigkeit zu entscheiden. Das werde ich Ihnen nicht antun.« Er hielt inne, um etwas Schwarzpulver unter seinen Nägeln zu entfernen. »Vielleicht habe ich die Anweisung von meinen Vorgesetzten, dass Constaire den Angriff anführen soll.«

Verundish spürte, wie ihr Herz ein wenig schneller schlug. So eine Anweisung könnte nur von Feldmarschall Beravich oder dem König persönlich kommen. War Constaire in irgendeine Art von Verschwörung verstrickt? Oder war er ein Bauernopfer in den Ränkespielen irgendeines Adligen?

»Die habe ich aber natürlich nicht«, sagte Tamas und wischte den Gedanken mit einem Lächeln fort. »Darf ich fragen, warum Sie Ihr Leben für Constaire opfern würden? Abgesehen von Ihrer deplatzierten Zuneigung für diesen Narren?«

»Manchmal ist der Angriff erfolgreich, Sir. Und wenn er das sein sollte, steht mir eine sofortige Beförderung zu. Ich wäre eine Heldin, Sir.«

»Das ist verdammt optimistisch von Ihnen«, murmelte Tamas. Er stand auf und gab ihr zu verstehen, dass das Treffen beendet war. »Ich werde darüber nachdenken, Captain«, sagte er. »Sie werden heute Abend Ihre Antwort bekommen.«

✦

Den Rest des Tages fühlte Verundish sich wie benebelt.

Sie hatte einen Ausweg. In zwei Tagen würde sie ein Himmelfahrtskommando durch die Bresche hinein in das Feuer der Musketen und die Magie der Privilegierten führen und fast augenblicklich fallen. Sie würde einen Heldentod sterben und ein Heldenbegräbnis bekommen, und Genevie könnte stolz sein auf ihre Mutter, die sie kaum kannte.

Ihr verhasster Ehemann würde Genevie in die Obhut von Verundishs Vater und Mutter übergeben, und sie würde den Rest ihres Lebens von Verundishs großzügiger Pension leben können.

Falls General Tamas es ihr gestattete, den Angriff anzuführen.

Sie ging gerade durch das Lager und inspizierte ihre Kompanie, als Constaire sie fand.

Ohne ein Wort zu sagen, packte er sie fest am Arm und führte sie hinter den Pavillon eines Obersten, wo sie einigermaßen unter sich waren.

»Was hast du vor?«, forderte sie und schüttelte sich aus seinem Griff los.

»Nein«, zischte er, »was hast *du* vor?«

»Ich habe keine Ahnung, wovon du redest.«

Constaires Gesicht war rot vor Wut. In den vier Jahren, in denen sie jetzt gemeinsam auf Feldzug waren, hatte sie ihn noch nie so wütend gesehen. »Ich wurde gerade von General Tamas darüber informiert, dass du dich freiwillig dazu gemeldet hast, meinen Platz in dem Himmelfahrtskommando einzunehmen. Das werde ich nicht erlauben!«

»Es gibt nichts, das du mir nicht *erlauben* kannst«, sagte sie.

»Hältst du mich für einen Feigling?« Constaire stampfte mit dem Fuß auf. Es war unheimlich kindisch, und Verundish fragte sich, ob er vielleicht etwas Übung darin brauchte, wütend zu sein. »Meinst du etwa, ich schaffe es nicht? Wieso tust du so etwas?«

Sie dachte an all die Gründe, die sie ihm aufzählen könnte, und legte ihm ihren Finger auf die Lippen. Er *war* ein Feigling, aber jetzt war nicht der richtige Moment, das auszusprechen.

»Ich halte dich nicht für einen Feigling«, sagte sie. »Aber ich weiß, dass du es nicht schaffen wirst.«

»Du würdest an meiner Stelle sterben?«

Sein Gesicht wirkte in diesem Moment so verletzlich, dass Verundish sich fragte, ob er es doch tatsächlich ernst gemeint hatte, als er ihr angeboten hatte, sie zu heiraten. Sie hatte angenommen, dass es einfach nur eine ungestüme Liebeserklärung gewesen war, hinter der keine Substanz gesteckt hatte. Soldaten heirateten nicht untereinander.

»Das würde ich«, sagte sie. Sie erzählte ihm nicht, dass sie sich sicherlich selbst das Leben nehmen würde, wenn es die Gurlaner nicht schaffen sollten.

»Nein. Das kann ich nicht zulassen. Ich mag zwar ein Feigling sein, Verie, aber ich bin nicht feige genug, um dich meinen Platz einnehmen zu lassen.«

»Du hast keine Wahl. Anscheinend hat der General seine Entscheidung getroffen.« Sie war überrascht, dass Constaire vor ihr davon gehört hatte.

Constaire strich seine Uniform glatt. »Ich werde auf der Stelle zum General gehen und fordern, dass er mich den Angriff anführen lässt. Das ist mein Recht!«

»Niemand fordert irgendetwas von Tamas«, sagte sie.

»Ich schon!«

Sie nahm ihn am Arm und legte ihm eine Hand auf die Brust. »Tu das nicht, du Narr. Das Einzige, was du vom General bekommen wirst, ist eine Rüge.« Sie legte ihm wieder einen Finger auf die Lippen. »Ich muss jetzt erst mal meine Angelegenheiten in Ordnung bringen. Komm mich heute Nacht besuchen. Wenn ich in zwei Tagen sterben sollte … nun, dann will ich die Zeit bis dahin genießen.«

✦

Am Morgen vor dem Angriff wurde Verundish noch einmal zu General Tamas bestellt.

Als sie sich seinem Zelt näherte, wurde sie von der Furcht ergriffen, dass er sich dazu entschieden hatte, ihrer Bitte nicht nachzukommen. Dass Constaire doch den Angriff anführen würde und sie sich eine Kugel in den Kopf jagen müsste, um Genevie zu retten.

Als sie ankam, wirkten die beiden Wachen vor dem Zelt des Generals nachdenklich und verschlossen. Einer der beiden kündigte sie an, und sie wurde durchgewinkt.

Sie betrat das Zelt; der Protest, der ihr auf den Lippen lag, erstarb, während sie den Innenraum betrachtete.

✦

Der Schreibtisch des Generals war umgeworfen worden, und der Boden und die Wand des Zeltes waren voller Tinte, Papiere und verstreutem Schießpulver. Der massive Eichentisch, auf dem seine zweihundert Jahre alte Karte gelegen hatte, war in der Mitte durchgebrochen, und ein eiserner Kerzenhalter, der auf seinem Schreibtisch gestanden hatte, war nur noch ein Haufen verbogenes Metall.

General Tamas saß mit überkreuzten Beinen auf einem Stuhl in der Ecke – dem einzigen unzerstörten Möbelstück im Zelt – und betrachtete die Zerstörung mit saurer Miene.

»Sir?«, fragte Verundish.

Er schaute einen Moment hoch, dann wieder zu seinem Schreibtisch. Der Schreibtisch war riesig. Es brauchte bestimmt vier Männer, um ihn zu tragen, und mindestens zwei, um ihn umzuwerfen. Aber Tamas war alleine.

Der General stand auf und verschränkte die Hände hinter dem Rücken.

»Captain«, sagte er. »Danke, dass Sie da sind. Ich hatte gerade eine Unterhaltung mit dem Privilegierten Zakary, dem neuen Bannwart des königlichen Kabals.«

Es war kein Geheimnis, dass nur der König selbst Tamas und den königlichen Kabal davon abhielt, sich gegenseitig an die Gurgel zu gehen, aber Zakarys Besuch erklärte nicht den kaputten Tisch.

»Hat er das getan, Sir?«, fragte Verundish. Diese Respektlosigkeit machte sie wütend. Niemand hatte das Recht, in Tamas' Zelt zu kommen und ihn so zu erniedrigen. Er war ein General. *Ihr* General!

»Was?« Tamas wirkte einen Moment lang aufrichtig verwirrt, als er ihrem Blick zu dem Chaos folgte. »Oh. Nein, das ist erst passiert, als er weg war. Bald wird jemand kommen und das aufräumen. Zakary hat mich besucht, um mir mitzuteilen, dass kein Privilegierter an dem Himmelfahrtskommando auf Darjah heute Nacht teilnehmen wird. Sie werden nur aus der Entfernung Unterstützung leisten.«

Verundish spürte, wie ihr der Atem stockte. Keine Privilegierten? Kein einziger? Bei einem Himmelfahrtskommando war immer ein Privilegierter dabei – normalerweise ein junger und dummer oder ein krankhaft ehrgeiziger, aber immerhin ein Privilegierter. Ohne eigenen Privilegierten würde das Himmelfahrtskommando nichts haben, was sie der gurlischen Magie entgegensetzen konnten, die von den Mauern auf sie herabregnen würde.

Verundish atmete einmal angestrengt durch. Sie würde heute Nacht sterben. Es führte kein Weg daran vorbei. Das war es, was sie wollte. Aber so klar zu wissen, dass ihr Tod sinnlos sein würde …

»Außerdem hat mir Feldmarschall Beravich verboten, am Angriff teilzunehmen«, fuhr Tamas fort. »Normalerweise halte ich mich etwa eine Meile hinter der Front auf, bei der Artillerie, und schieße auf die feindlichen Privilegierten, wenn sie bei der Verteidigung gegen das Himmelfahrtskommando aus der Deckung gehen. Aber es hat ganz den Anschein, als würde selbst das mir verboten werden.«

Tamas blies die Nasenflügel auf, und seine Stimme wurde lauter, während er sprach. »Die verfluchten Idioten wollen mir bloß beim Scheitern zusehen. Sie schicken Männer in den Tod – gute Männer –, nur um mir eins auszuwischen! Diese verdammten Hunde. Wenn ich die Macht hätte, jeden Privilegierten in Adro zu töten, würde ich es augenblicklich tun.«

Verundishs Herz schlug schneller, und sie hatte Angst. Nicht um sich selbst. Nein, ihr Leben war verwirkt. Aber General Tamas war einer der wenigen Generäle in der Armee, der sich aufrichtig um seine Männer zu sorgen schien. Er hatte die Loyalität von Soldaten jedes Dienstgrades und hatte dafür gesorgt, dass die Soldaten unter seinem Kommando Beförderungen nach Verdienst erhalten konnten.

Wenn der königliche Kabal jemals erfahren sollte, dass er solche Dinge sagte, würden sie ihn augenblicklich töten, selbst wenn er in der Gunst des Königs stand.

Tamas schüttelte den Kopf. »Captain, Sinn und Zweck eines Himmelfahrtskommandos ist es, eine Festung mit einem Überraschungsangriff einzunehmen. Es funktioniert nicht häufig, aber es *hat* schon funktioniert. Aber nicht ohne Privilegierte. Ohne einen Privilegierten schicke ich einfach nur eine ganze Kompanie in den Tod. Fehlschlag garantiert. Aber ich habe meine Befehle.«

»Jawohl, Sir.«

»Und das ist in Ordnung für Sie?«

»Ich werde meine Befehle befolgen, Sir.«

»Ich gebe Ihnen hier die Gelegenheit, es sich noch einmal zu überlegen, Captain.«

»Ich werde den Angriff anführen, Sir.«

Tamas verengte die Augen. »Wieso?«

Wenn die Gurlaner mich nicht töten, muss ich es selbst tun, deswegen. »Das würde ich lieber für mich behalten, Sir.«

»Selbst wenn ich es Ihnen befehle?«

Verundish versteifte sich. »Sie haben die Privatangelegenheiten Ihrer Männer immer respektiert, Sir.«

»Ja. Das habe ich.« Tamas wandte sich ab, um das Chaos zu betrachten, das einmal sein Schreibtisch und Kartentisch gewesen war, und stieß einen langen Seufzer aus. »Sie dürfen wegtreten, Captain. Das Himmelfahrtskommando wird sich bei Sonnenuntergang sammeln und um Mitternacht angreifen. Falls Sie sich noch nicht um Ihre Angelegenheiten gekümmert haben sollten, tun Sie das jetzt.«

»Jawohl, Sir. Vielen Dank, Sir.«

Verundish hielt in der Zelttür inne und wandte sich wieder zu General Tamas. »Sir?«

»Hmmm?«

»Würden Sie mir eine Bitte erfüllen, Sir?«

»Wenn sie im Rahmen bleibt.«

»Sorgen Sie dafür, dass meine Pension nicht an meinen Mann geht. Sorgen Sie dafür, dass sie an meine Tochter geht.«

Tamas dachte einen Moment darüber nach, dann nickte er. »Schreiben Sie das auf und geben Sie den Brief meiner Sekretärin. Ich werde sicherstellen, dass es erledigt wird.«

»Vielen Dank, Sir.«

✦

Die Kompanie, die das Himmelfahrtskommando bilden sollte, versammelte sich, als die Sonne über dem westlichen Rand der Wüste unterging.

Es war ein trauriger Haufen. Die Hälfte der Anwesenden bestand aus Querulanten – Männer und Frauen, die sonst womöglich am Galgen oder jahrelang im Gefängnis gelandet wären, wenn sie sich nicht freiwillig gemeldet hätten. Die andere Hälfte bestand aus ehrgeizigen jungen Soldaten, die entweder dumm oder verzweifelt genug waren, um zu hoffen, dass sie die Nacht überleben und nach der Einnahme der Festung eine Beförderung erhalten würden.

Verundish fragte sich, ob irgendeiner von ihnen wie sie eine zweite Chance erhalten hatte, es sich noch mal zu überlegen.

General Tamas war bereits da, als sie sich sammelten. Er betrachtete sie alle mit hinter dem Rücken verschränkten Händen, den Stoßdegen an der Hüfte und die Pistole im Gürtel. Seine Miene war versteinert und undurchdringlich, doch als der Privilegierte Zakary wenig später vorbeikam, war im Schein der Fackeln deutlich zu erkennen, mit welcher offenen Feindseligkeit Tamas den Privilegierten anschaute.

Zwei Stunden vor Mitternacht betete ein Kresim-Priester für den Erfolg der Angreifer, und den Männern war es gestattet, sich von ihren Freunden und Kameraden zu verabschieden.

Constaire fand Verundish in der Menge. Er trug seine volle Uniform und eine Muskete in der einen Hand. Sein Degen war an seinem Gürtel festgeschnallt.

»Wo zur Grube willst du hin?«, fragte Verundish.

»Noch ist Zeit«, antwortete Constaire. »Du musst es nur sagen, und ich führe den Angriff an.«

»Nein.«

Constaire schüttelte den Kopf. »Bitte, Verie. Tu's nicht.«

»Ich muss.«

»Nein«, sagte Constaire. »Du musst nicht.« Er hielt etwas hoch, damit sie es sehen konnte. Es war der Brief, den sie vor drei Tagen von ihrem Ehemann erhalten hatte.

»Gib das her«, zischte sie und schnappte danach. »Du hast kein Recht, meine privaten Briefe zu lesen.«

Er zog den Brief weg. »Ich musste wissen, warum du das hier tust. Ich weiß, dass du mich nicht zurück liebst, Verie. Ich wusste, dass es einen Grund geben musste für diese Selbstmordaktion.«

Sie verpasste ihm eine Ohrfeige. Sie hatte es nicht gewollt, aber einen Moment später hielt er sich die Wange und starrte sie an wie ein verletzter Welpe.

Sie rieb sich die Hand. »Tut mir leid.«

»Das habe ich verdient.«

Ja, hatte er. »Es wird alles in Ordnung kommen«, sagte sie. »Ich muss das hier tun.«

»Ich werde deinen Mann zu einem Duell herausfordern.«

»Er würde dich abschlachten.«

»Sei dir da nicht so sicher.«

»Das würde er. Er ist ein hervorragender Schwertkämpfer. Es müsste schon jemand wie ... wie General Tamas ankommen, um ihn zu besiegen.«

Constaire verstummte, und Verundish fühlte sich genötigt, einen Schritt nach vorne zu machen und ihn zu umarmen. »Wieso zur Grube tröste ich dich, du Idiot?«, fragte sie, als sie seine Tränen an ihrem Handrücken spürte. »Ich bin diejenige, die ihrem Tod entgegengeht.«

»Ich bin derjenige, der ohne dich weiterleben muss.«

Verundish schüttelte den Kopf. »Geh zurück in dein Zelt.«

»Nein. Ich habe mich freiwillig gemeldet, die zweite Angriffswelle anzuführen. Wenn es dir gelingt, die Bresche einzunehmen, werde ich direkt hinter dir sein. Wir werden uns gemeinsam durch die Festung kämpfen.«

»Zur Grube. Du bist wirklich ein Narr.«

Ein Raunen ging durch die Reihen, dass sich das Himmelfahrtskommando auf den Angriff vorbereiten solle. Verundish drückte ihre Lippen auf die von Constaire und machte sich ohne einen Blick zurück auf den Weg an die Front.

General Tamas wartete bei der Artillerie, die ihren Angriff einleiten würde. Hinter ihm standen vier Privilegierte, deren weiße Handschuhe mit blutroten Runen verziert waren, die im matten Fackellicht schimmerten. Sie betrachteten das Himmelfahrtskommando skeptisch.

Als sich das Himmelfahrtskommando formiert hatte, sprach Tamas zu ihnen.

»Dort drüben«, sagte er und zeigte auf die Festung, die eine Meile hinter ihm lag, »ist unser Feind. Sie sitzen in ihren Türmen, wiegen sich in Sicherheit und stoßen an auf einen weiteren Tag, an dem wir versagt haben. Sie danken ihrem heidnischen Gott, dass wir nicht den Mumm haben, ihre Mauern mit Leitern anzugreifen.

Das wird sich heute Nacht ändern. Heute Nacht werden wir eine Bresche schlagen. Wir werden ihre Festung stürmen und ihren Shah und ihre Privilegierten über die Klinge springen lassen.«

Den Privilegierten hinter Tamas war es sichtlich unangenehm, als er davon sprach, ihre gurlischen Gegenüber zu töten.

»Die Eroberung von Darjah wird das Selbstbewusstsein der Gurlaner zerstören, wodurch wir dem Ende dieses verdammten Krieges einen Schritt näherkommen. Und dann, meine Freunde, werden wir alle nach Hause gehen.« Tamas wirkte plötzlich erschöpft und weitaus älter als seine vierzig Jahre. Er lächelte. »Ich habe dieses verdammte, staubige Land satt. Ich will nach Hause und meinen Jungen auf meinen Knien reiten lassen und dann meine Frau mit nach oben nehmen, um *sie* auf meinen Knien reiten zu lassen.«

Ein Glucksen ging durch die Reihen.

»Bringt diese Belagerung zu Ende, Männer«, sagte Tamas. »Geht da rein und macht ihnen ein für alle Mal den Garaus, und im Morgengrauen wird jeder Einzelne von euch, egal ob lebendig oder tot, ein Held sein.«

Ein leiser Jubelruf ertönte aus der Kompanie, und Tamas hob die Hände, um Ruhe zu haben. »Ich würde mit euch kommen, wenn der König es mir erlauben würde. Bei Kresimir, das würde ich.«

Aus dem Mund von jedem anderen General wäre das eine Lüge gewesen, aber Verundish wusste, dass es die Wahrheit war.

Tamas fuhr fort: »Captain Verundish wird euch anführen. Folgt ihr, als würdet ihr mir folgen.« Dann trat er beiseite und machte eine Geste in Richtung Verundish.

Verundish hob ihren Säbel über ihren Kopf. »Kein Licht. Kein einziges Wort. Wir werden im Schutz der Dunkelheit bis unter die Mauern vorrücken und auf den Donner warten. Wenn die Mauer fällt, greifen wir an.« Sie wartete das Nicken ihrer Männer ab, dann senkte sie den Arm. »Und los.«

✦

Verundish durchquerte das zerklüftete Gelände zwischen dem adronischen Lager und der Festung Darjah.

Ihr Weg wurde nur beleuchtet vom fahlen Mondlicht und den Sternen über ihr, die glitzerten wie die Lagerfeuer einer Armee, die sich über das Himmelszelt erstreckte.

Seit Monaten lagerten sie jetzt schon hier und tauschten Artilleriebeschuss mit der Festung aus, aber abgesehen von zwei Angriffen war die Landschaft unberührt geblieben. Schakale jagten im hohen Wüstengras, wo sich Hasen und Füchse vor den adronischen Soldaten versteckten.

Von irgendwo in der Nähe ertönten die Rufe einer Wüsteneule.

Sie führte ihre Kompanie durch mehrere kleine Rinnen und dann in eine Senke, die bis hin zum Fuß der Festungsmauer führte. Man hatte ihr erzählt, dass die Senke ein Abfluss für den Festungsschacht war, über den die gurlischen Bäder in die Wüste entleert wurden.

Niemand hatte ihr erzählt, dass so auch Fäkalien abgeleitet wurden.

Ein Soldat musste bei dem Gestank anhalten, um sich lautstark zu übergeben, sodass sich die gesamte Kompanie in den Dreck kauerte aus Angst vor einem Alarm. Auf den Mauern waren die Umrisse der gurlischen Wachposten im Fackelschein zu erkennen. Keiner von ihnen schlug Alarm, und Verundish befahl ihrer Kompanie mit einem leisen Flüstern, vorzurücken.

Sie erreichten den Fuß der Mauer und hockten sich hin, um zu warten. Verundish knöpfte sich die Vorderseite ihrer Uniform auf, um es sich bequemer zu machen. Hier draußen würde sie niemand wegen fehlender Disziplin tadeln.

Sie schätzte, dass sie etwa fünfzehn Minuten Zeit hatten, bevor es losging.

Es dauerte nicht lange, bis Verundish hörte, wie einer ihrer Männer die Reihen entlang zu ihr gekrochen kam. Sie kniff die Augen zusammen und starrte in die nächtliche Dunkelheit, um herauszufinden, wer es war.

»Sir«, flüsterte er und schob sein Gesicht nah an ihres heran. Dem Klang seiner Stimme und dem Zwiebelgeruch in seinem Atem nach handelte es sich um Grenatio, einen Soldaten, der vor die Wahl zwischen dem Himmelfahrtskommando und einer Erschießung gestellt worden war, nachdem er von einer einheimischen Familie gestohlen hatte.

»Was ist?«

»Sir, als Sie gesagt haben, dass wir auf den Donner warten …?«

»Die Artillerie.«

»Oh.« Es gab eine Pause. »Das ergibt Sinn.« Grenatio war anscheinend nicht der Hellste.

»Sir?«

Verundish unterdrückte einen Seufzer. »Ja?«

»Ich habe Angst.«

»Das ist ganz natürlich.«

»Geht das weg?«

»Das wird es.« *Wenn dir ein Privilegierter mit magischem Feuer das Fleisch von den Knochen schmilzt.*

Einige Minuten lang herrschte Stille, und Verundish schaute hoch zur Mauer. Immer noch kein Alarm. Das war ein gutes Zeichen.

»Wann geht es los, Sir?«

»Bald.«

»Wie bald?«

Verdammte Grube ... »Jeden Augenblick. Zurück auf Ihre Position.«

Der Soldat machte sich wieder auf den Weg die Reihen entlang, wobei er genügend Lärm machte, um die adronischen Soldaten in ihrem Lager zu wecken.

Es ertönte immer noch kein Alarm.

Verundish schaute hoch zu dem schwarzen Stein der Festungsmauer und fragte sich, ob sie es wirklich schaffen würden, eine Bresche zu schlagen. Diese Mauern waren drei Meter dick und verstärkt von Privilegierten-Magie, die Hunderte von Jahren alt war. Die adronischen Kanonen schossen schon seit Monaten auf sie ein, ohne auch nur einen Kratzer anzurichten.

Die adronischen Privilegierten hatten gesagt, sie würden die Mauern heute Nacht durchbrechen können. Was passierte, wenn die Mauern *nicht* fielen?

Sie hörte ein leises Pfeifen und drehte sich um, um ihre Männer zum Schweigen zu bringen, als die erste Kanonenkugel in der Festungsmauer über ihnen einschlug. Der Einschlag brachte sie ins Straucheln, und sie musste sich mit einer Hand an der Seite der Senke abfangen.

Es hatte begonnen.

✦

Kanonenkugeln und Artilleriegeschosse erschütterten die Festung und den Erdboden, sodass die Seiten der Senke, in der das Himmelfahrtskommando hockte, zitterten und Sand abrutschte.

Dem physischen Bombardement schloss sich schon bald das Getöse von Magie an. Feuer entzündete den Nachthimmel, und Eisstangen so groß wie eine Kutsche prallten gegen die Mauer, sodass diese durch die abwechselnde Hitze und Kälte weiter geschwächt wurde.

Verundish schirmte ihr Gesicht mit ihrem Jackenaufschlag ab, um es vor den Stücken aus Fels, Eis und Eisen zu schützen, die auf ihr Versteck herabregneten.

Gurlisches Geschrei verriet ihr, dass der Feind Alarm geschlagen hatte. Männer rannten auf die Mauern und wedelten mit Fackeln und brüllten gegen den Lärm an. Einer von ihnen lehnte sich vor, warf eine Fackel über die Mauer und schaute zu, wie sie auf den Boden fiel. Sie landete nicht weit entfernt von der Senke, in der sich das Himmelfahrtskommando befand.

Die Gurlaner versuchten herauszufinden, von wo der Angriff kommen würde.

Verundish wusste, dass es nicht lange dauern würde, bis sie sie fanden. Und wenn sie das taten, würden ein paar Dutzend Musketiere ausreichen, um Verundishs Männer mit wenig Aufwand der Reihe nach zu erschießen.

Sie betete, dass die Mauer fiel.

Sie schaute zurück zu ihren Männern. Einer von ihnen hob seine Muskete und zielte auf die Männer auf der Mauer.

»Runter, Sie Narr«, zischte sie.

Der Artilleriebeschuss klang gefährlich nahe. Verundish verfluchte ihre Situation und schaute hilflos zu, wie eine Rakete über der Festung emporstieg und explodierte und so die Wüste erleuchtete, als sei es helllichter Tag.

Das Licht umriss ihre Männer, die mit grimmiger Miene nach oben schauten. Weiter hinten in der Rinne, wo diese sich zur Wüste öffnete, konnte sie in hundert Metern Entfernung sehen, wo sich die zweite Angriffswelle – drei ganze Kompanien – bereithielt für den Fall, dass das Himmelfahrtskommando erfolgreich sein sollte.

Sie wurden vom Licht der gurlischen Leuchtrakete verraten. Und jetzt war alles verloren.

Ein gewaltiges Getöse ließ den Erdboden erzittern, ein Ächzen, das klang, als hätten sich die tiefsten Abgründe der Grube aufgetan, um ihre Dämonen auszuspeien. Zu Verundishs Überraschung gab die Mauer unter dem vernichtenden Bombardement nach; sie stürzte nach innen ein und schleuderte die gurlischen Soldaten durch die Luft.

»In die Bresche, ihr Bastarde!«, schrie Verundish und sprang auf die Füße.

Sie rannte den Ablauf hoch auf den Fuß der Mauer zu, wo ihr ein Berg an Schutt Halt bot, um zu der Bresche hinaufzuklettern.

Um sie herum kreischten die Kanonenkugeln und die Magie, die die Bresche mit jedem Treffer breiter und breiter schlugen.

Hört auf mit dem Bombardement, verdammt noch mal! Verundish stellte sich vor, wie sie durch die Bresche stürmte, nur um von Artilleriefeuer und Magie aus ihrem eigenen Lager getötet zu werden.

Plötzlich legte sich Stille über die Welt. Das gezielte Bombardement verebbte, während die Artillerie neu ausgerichtet wurde, dann ging es plötzlich weiter mit einem neuen Ziel entlang der Mauer.

Die Bresche war frei.

Verundish stolperte und fiel der Länge nach in den Schutt, der eben noch die Festungsmauer gewesen war. Um sie herum stürmten adronische Soldaten nach vorne, und sie wurde plötzlich am Gürtel wieder auf die Füße gezogen und ihr Säbel ihr wieder in die Hand gedrückt.

Sie hatte keine Zeit, sich zu schämen. Gurlische Soldaten tauchten in der Bresche auf, und die ersten Adroner stürmten mit aufgepflanzten Bajonetten auf sie zu; beide Seiten hackten mit wildem Kriegsgeschrei aufeinander ein.

»Vorwärts!«, schrie Verundish. Sie mussten die Bresche sichern. Sie mussten einen Korridor schaffen, der breit genug war, damit die zweite Angriffswelle hindurch konnte. Wenn ihnen das nicht gelang, wäre alles umsonst gewesen.

Ein gurlischer Soldat sprang auf sie zu und schwang den Kolben seiner Muskete wie eine Keule. Sie wehrte den Hieb mit ihrem Säbel ab und schlug dem Mann ins Gesicht, dann schlitzte sie ihm die Kehle auf.

Die Gurlaner hatten ihre Bajonette nicht aufgepflanzt. Sie waren auf diesen Angriff nicht vorbereitet gewesen. So unmöglich es schien, das Himmelfahrtskommando hatte plötzlich einen Vorteil.

»Macht sie nieder, Jungs«, drängte Verundish, während sie mit einem gurlischen Offizier die Klingen kreuzte. Der Mann war um einiges schneller als sie. Sie schaffte es, zweimal zu parieren, bevor er ihre Verteidigung überwunden hatte und ihren linken Arm der Länge nach aufschnitt.

Der Mann spuckte plötzlich Blut und fiel; ein adronisches Bajonett ragte aus seinen Eingeweiden. Verundish warf die Leiche beiseite und schaffte es nicht, ein Wort des Dankes loszuwerden, bevor Grenatio bereits weitergestürmt war. Der Mann mit dem Zwiebelatem drehte sich, um ihr etwas über die Schulter hinweg zuzurufen.

»Sie hatten recht, Captain! Die Angst ist weg!«

Sie waren jetzt innerhalb der Mauern und kämpften um den Innenhof. Ohne aufgepflanzte Bajonette wurden die Gurlaner von den adronischen Soldaten abgeschlachtet wie Vieh. Verundish hielt inne, um die Wunde entlang ihres linken Arms abzubinden, und versuchte, das Blut wegzuwischen.

Sie konnten siegen. Sie konnten tatsächlich siegen. Die zweite Angriffswelle würde ihnen durch die Bresche folgen und helfen, den Innenhof zu sichern, und dann würde General Tamas den Rest der Brigade hinterherschicken.

Plötzlich wollte Verundish nicht mehr sterben.

Ein Lichtblitz blendete sie, und sie stolperte rückwärts; sie blinzelte, um wieder klar sehen zu können, und schaute mit an, wie Grenatio auf sie zurannte, in Flammen gesetzt vom Feuer eines Privilegierten.

Verundish suchte nach der Magiequelle. Ein einzelner Privilegierter konnte ihre gesamte Kompanie vernichten. Vielleicht sogar auch die zweite Angriffswelle. Es war Wahnsinn zu versuchen, ihn zu töten, aber es war die einzige Chance, die sie hatte.

Das Feuer walzte durch ihre Männer, steckte ihre Uniformen in Brand und verbreitete Chaos. Dort hinten, wo der Innenhof in einer

Straße mündete: Ein Privilegierter stand dort in der Öffnung, die behandschuhten Hände in Flammen, und schickte mit zuckenden Fingern die adronischen Soldaten reihenweise in den Tod.

Ihre Männer rannten schreiend in Deckung. Niemand von ihnen konnte es mit einem Privilegierten aufnehmen. Niemand konnte das. Es gab nichts, was man gegen einen Privilegierten tun konnte, außer wegzurennen.

Verundish verfluchte das Blut, das ihren Arm herunterlief und ihre Schwerthand glitschig machte, und nahm ihren Säbel in die andere Hand. Sie warf sich auf eine Seite des Innenhofs.

Mit dem Rücken zur Mauer schlich sie sich so schnell sie es sich traute auf den Privilegierten zu. Sie hatte eine geladene Pistole in ihrem Gürtel – eine Chance auf einen Treffer, und sie würde nah genug herankommen müssen, um sicherzugehen, dass der Schuss saß.

Der Privilegierte schleuderte weiter mit Feuer um sich. Er war kein mächtiger Privilegierter; wenn er gut darin gewesen wäre, mehrere Zauber gleichzeitig zu wirken, hätte er die gesamte Kompanie auf einen Schlag niedergebrannt. Verundish stellte ihren Säbel an der Mauer ab und zog ihre Pistole.

Der Schuss traf den Privilegierten in die Seite. Er zuckte und fiel mit einem überraschten Gesichtsausdruck auf ein Knie. Dann wandte er seinen Blick zu Verundish.

Sie hob ihren Säbel auf und stürmte auf ihn los. Er richtete eine Hand auf sie. Magische Hitze umspülte ihr Gesicht, und Verundish fühlte einen ziehenden Schmerz an ihrem Oberschenkel, als Feuer wie geschmolzenes Glas sie hart genug traf, um sie herumzuwirbeln. Sie stolperte vorwärts.

Ihr Säbel schnitt drei Finger von der rechten Hand des Privilegierten ab. Er schrie, und sie schlug mit voller Kraft zu. Die Klinge traf den Privilegierten an der Schulter, und er wurde von der Wucht des Hiebs umgeworfen. Mit einem Ruck riss sie die Klinge los, dann stach sie ihm damit durch das Herz.

Sie stolperte wieder und fiel fast hin. Der Schmerz an ihrem Oberschenkel war unerträglich. Vor ihrem inneren Auge konnte sie die verbrannte und verkohlte Haut und das entstellte Fleisch sehen. Sie wagte es nicht, sich die Wunde anzusehen, aus Angst, ihren Kampfgeist zu verlieren.

Als sie zurückschaute, sah sie, wie Constaire in der Bresche auftauchte. Hinter ihm stürmte die zweite Angriffswelle mit aufgepflanzten Bajonetten in die Festung, vorbei an den Toten und Verwundeten, um den Innenhof zu sichern und den Weg zur Straße frei zu kämpfen.

Constaire fing sie just in dem Moment, als sie fiel. Er starrte erst sie an, dann die Leiche zu ihren Füßen.

»Du hast einen Privilegierten getötet!«

»Ich ...« Verundish wusste nicht, was sie sagen sollte. Anscheinend hatte sie versagt in ihrem Vorhaben, zu sterben. Sie wusste, dass sie nicht mehr sterben wollte, aber wie konnte sie ihr kleines Mädchen retten?

Sie bemerkte etwas aus dem Augenwinkel und schaute hoch. Die Gurlaner waren wieder auf den Mauern über ihnen, auf beiden Seiten der Bresche. Sie hatten den Höhenvorteil, und während sie zuschaute, eröffneten sie das Feuer auf die zweite Angriffswelle der Adroner.

»Runter!«, sagte sie zu Constaire.

»Wir wehren sie ab. Zu den Treppen, Männer!« Er entfernte sich von ihr und zog sein Schwert.

Verdammter Narr. Du wirst tot sein, bevor du die Treppen erreichst.

Ein Lichtblitz oben auf der Mauer machte Verundish auf eine weitere Privilegierte aufmerksam. Verundish hustete ein Lachen. Es war alles so unnütz. Diese verdammte Magierin würde das gesamte Himmelfahrtskommando und die zweite Angriffswelle auslöschen.

Die Privilegierte erhob ihre behandschuhten Hände.

Ihr Kopf explodierte in einer Blutfontäne. Es war so brutal, dass Verundish zusammenzuckte, obwohl es gute dreißig Schritt entfernt von ihr passierte. Der Körper der Privilegierten sackte zusammen, und von den Gurlanern auf den Mauern ertönten entsetzte Schreie.

Aus den Reihen der adronischen Soldaten kam eine Gestalt mit einer rauchenden Pistole in der Hand hervorgerannt. Sie erklomm den Schutt, der nach oben auf die Mauer führte, beinahe ohne an Tempo einzubüßen. Der Degen der Gestalt blitzte auf, als sie sich mit übermenschlicher Geschwindigkeit auf die gurlischen Soldaten stürzte.

Verundish konnte ihren Augen kaum trauen. War das ein Dämon aus der Grube? Ein Engel, den Kresimir geschickt hatte?

Die Gestalt machte eine Geste mit einer Hand; plötzlich explodierten die Pulverhörner von einem Dutzend gurlischer Infanteristen und töteten ihre Besitzer.

Bei der plötzlichen Erkenntnis kamen ihr die Tränen: Das war kein Engel oder Dämon.

Das war ein Pulvermagier.

General Tamas hatte seine Befehle ignoriert und sich mit in die Schlacht gestürzt.

Endlich übermannte sie der Schmerz, und Verundish ließ ihren Kopf auf die kühlen Steinplatten des Innenhofs sinken.

✦

Verundish erwachte in einem ihr fremden Zimmer.

Nichts kam ihr bekannt vor. Der Putz an den Wänden bröckelte, und aus einem hohen Fenster kam Licht. Das Zimmer war nicht viel größer als eine Gefängniszelle, und sie fragte sich, ob es vielleicht eine Zelle *war*.

War das Himmelfahrtskommando am Ende doch nicht erfolgreich gewesen? War die zweite Angriffswelle abgeschlachtet und zurückgedrängt worden? Sie meinte sich daran zu erinnern, dass sie gesehen hätte, wie General Tamas mitkämpfte. Vielleicht war er gefallen. Immerhin waren in der Festung fünf weitere Privilegierte gewesen. War sie jetzt in Darjah gefangen?

Die Gurlaner hätten sie doch mit Sicherheit einfach umgebracht.

Verundish fragte sich, wie viel Zeit seit dem Angriff vergangen war. Sie erinnerte sich daran, geschrien zu haben, bis ihr Hals wund gewesen war, und dass Ärzte ihr eine Malapfeife in den Mund gesteckt und ihr den Rauch in den Mund geblasen hatten. Der Schmerz hatte langsam nachgelassen, und die Feldchirurgen hatten angefangen, ihren Oberschenkel mit ihren Skalpellen zu bearbeiten und den blutigen Schnitt an ihrem Arm zu nähen.

Sie versuchte, ihren Kopf zu drehen – mit wenig Erfolg. Durch den Schmerz entfuhr ihr ein unfreiwilliges Wimmern.

Wieso tat alles so furchtbar weh? Sie fühlte sich, als sei jeder Knochen in ihrem Leib gebrochen.

Die Tür zu ihrem Zimmer wurde mit einem Knarren geöffnet. »Ah, Frau Oberst, Sie sind wach«, sagte eine weibliche Stimme. »Ich habe wundervolle Neuigkeiten. Der Feldmarschall wird Sie sehen wollen.«

Oberst? Sie mussten sie mit jemandem verwechselt haben. Panik kam in ihr auf, und sie versuchte, sich zu bewegen.

»Holen Sie den Feldmarschall«, rief die Stimme in den Flur. Sie erkannte die Stimme wieder aus ihrer fiebrigen Erinnerung an die Operation. Sie gehörte einer der Ärztinnen. »Na, na. Bewegen Sie sich lieber nicht«, sagte die Ärztin. »Ihr Körper ist steif und ihre Muskeln schwach, weil Sie sie so lange nicht benutzt haben. Sie waren lange Zeit bewusstlos.«

»Wie …« Verundishs Stimme brach ab, und die Ärztin kam in ihr Sichtfeld. Es war eine ältere Frau in einer adronischen Uniform, über der sie einen weißen Kittel trug. Sie lehnte sich über Verundish und gab ihr Wasser.

Verundish musste husten, schaffte es aber, ein wenig herunterzuschlucken. Als die Ärztin von ihr wegtrat, fragte sie: »Wie lange?«

Die Ärztin legte Verundish sanft eine Hand auf die Schulter. »Der Angriff auf Darjah war vor vier Wochen.«

»Vier Wochen?« Verundish konnte die Dringlichkeit in ihrer Stimme nicht verbergen. Der Brief von ihrem Ehemann, der vor dem Himmelfahrtskommando angekommen war, war bereits fünf Wochen alt gewesen. Genevie würde in weniger als einem Monat an die Sklavenhändler verkauft werden. Verundish bemühte sich, aufzustehen. Ihr ganzer Körper zitterte.

Die Ärztin zwang sie sanft zurück ins Bett. »Warten Sie, Frau Oberst. Bitte beruhigen Sie sich.«

»Ich muss aufstehen.«

»Der Feldmarschall wird jeden Moment hier sein, Frau Oberst.«

Feldmarschall Beravich war auf dem Weg, um sie zu sehen? Warum um alles in der Welt wollte er sie sehen?

»Verundish. Ich bin Captain Verundish.«

»Da liegen Sie leider falsch«, sagte eine männliche Stimme von der Tür. »Frau Doktor, würden Sie uns einen Moment alleine lassen?« Die Ärztin nickte und verschwand von Verundishs Seite, wo General Tamas ihren Platz einnahm. »Guten Morgen, Frau Oberst.« Tamas setzte sich neben ihr Bett.

»Sir?«, fragte sie schwach.

»Sie sind jetzt Oberstleutnant, Verundish. Die erforderlichen Papiere wurden schon vor drei Wochen ausgefüllt, aber ich werde erst Ihre Genesung abwarten, bevor ich Ihnen ein Bataillon zuweise.«

Das war unmöglich. Sie konnte es nicht glauben. Sie war zwei volle Ränge befördert worden. Mit Sicherheit hatte sie das nicht verdient, nicht mal nachdem sie ein Himmelfahrtskommando angeführt hatte. »Ich ... vielen Dank, Sir.«

Tamas wischte ihre Worte mit einer Hand beiseite.

»Sir, war ich wirklich vier Wochen lang ohnmächtig?«

»Die meiste Zeit über waren Sie in einem Malarausch, um die Schmerzen zu betäuben. Wenn man so wie Sie von Privilegierten-Feuer verbrannt wird, fügt das einer gewöhnlichen Person großen physischen und mentalen Schaden zu.«

»Ich verstehe.«

Tamas nickte. Seine Gedanken waren eindeutig woanders.

»Feldmarschall Beravich?«

Tamas' Mundwinkel zuckte nach oben. »Was soll mit ihm sein?«

»War er auf dem Weg hierher?«

»Ich fürchte, Beravich ist tot. Zwei Tage nachdem wir Darjah eingenommen hatten, wurden seine eigenen Streitkräfte von gurlischen Partisanen überrannt. Ich kann Ihnen versichern, dass sein Tod gerächt wurde.«

»Oh.« Verundish brauchte ein paar Momente, um die Nachricht zu verarbeiten und ihre Bedeutung nachzuvollziehen. »Glückwunsch, Sir.«

Feldmarschall Tamas senkte den Kopf zu einer bescheidenen Verbeugung.

Er stand auf, streckte sich und schaute zu dem Lichtstrahl hoch, der durch das Fenster über ihnen hereinschien. »Jetzt, wo Sie wieder bei Sinnen sind, verschaffen wir Ihnen ein ordentliches Zimmer. Sie werden langsam vom Mala loskommen müssen. Mir wurde gesagt, dass es mehrere Monate dauern wird, bis Sie bereit sind, Ihr Kommando anzutreten.«

Verundish bemühte sich, sich aufzusetzen, schaffte es aber nicht. Die Anstrengung ermüdete sie. Mehrere Monate? Sie musste sofort zurück nach Adro. Sie musste zurück, bevor ihr Ehemann seine Drohung wahrmachen konnte. Selbst das schnellste Schiff würde es womöglich nicht schaffen, sie rechtzeitig nach Hause zu bringen.

Tamas beobachtet ihre Bemühungen mit hochgezogener Augenbraue. »Wollen Sie irgendwo hin, Oberst?«

»Sir.« Verundish versuchte, nicht verzweifelt zu klingen. »Ich muss nach Adro zurückkehren. Um mich um persönliche Angelegenheiten zu kümmern.«

»Das kann ich leider nicht erlauben«, sagte Tamas. »Sie werden gebraucht. Ich habe vor, diesen verdammten Krieg bis zum Winter zu beenden, und dann können wir alle nach Hause.«

Bis dahin würde Genevie nicht mehr da sein. Sie würde weg sein, verkauft in die Sklaverei, und benutzt wie eine … Verundish drückte ihre Augen zu in dem Versuch, die Tränen zurückzuhalten.

»Oberst?«

»Sir?«

»Gibt es irgendwas, was Sie mir sagen wollen, Oberst?«

»Nein, Sir.«

Einige Momente lang herrschte Stille; Tamas schaute weiterhin nicht zu ihr, sondern hoch zu dem Fenster. »Stolz«, sagte er, »ist schon etwas Seltsames.«

»Sir?«

»Wir lassen zu, dass wir und die Menschen, die wir lieben, so viel Leid erfahren, nur um dieses Gefühl in unserer Magengrube zu besänftigen. Manchmal beneide ich die Menschen, die sich ihr Urteilsvermögen nicht von ihrem Stolz trüben lassen.«

Verundish traute es sich selbst nicht zu, etwas zu sagen.

Tamas fuhr fort. »Der Erzdiözel von Adro schuldet mir einen Gefallen. Ihre Scheidungspapiere sollten in etwa«, er hielt inne, so als müsse er über das genaue Datum nachdenken, »ein bis zwei Wochen genehmigt werden. Ihre Tochter wird bis zu Ihrer Rückkehr in der Obhut Ihrer Eltern bleiben. Wenn ich jetzt in Adro wäre, würde ich Ihren Ehemann selbst zum Duell herausfordern und töten. Meiner Meinung nach sollten Kinder nicht unter den kleinlichen Streitigkeiten von Erwachsenen leiden müssen.«

Verundish spürte, wie die Anspannung von ihrem Körper abfiel und sie die Tränen nicht länger im Zaum halten konnte. »Da stimme ich Ihnen zu, Sir. Vielen Dank.«

Tamas tat einen tiefen Atemzug. »Normalerweise mische ich mich in solche Dinge nicht ein, aber wie Sie vielleicht wissen, habe ich selbst einen Sohn, der gerade mal zwei Jahre alt ist. So etwas nehme ich ... persönlich.«

»Wenn ich fragen darf, Sir, wie haben Sie es herausgefunden?«

»Können Sie sich das nicht denken?«

Constaire. Natürlich. Ein Mann ohne Stolz. Der dämliche Narr hatte ihr gerade das Leben gerettet. Irgendetwas regte sich in Verundish.

»Oh«, fügte Tamas hinzu, als er die Tür öffnete, um zu gehen. »Major Constaire hat mich darum gebeten, Sie beide zu verheiraten. Wenn Sie das ebenfalls wünschen, könnten wir uns darum kümmern, sobald Ihre Scheidung offiziell ist.«

Major Constaire. Er hatte seine Beförderung dafür erhalten, dass er die zweite Angriffswelle gegen Darjah angeführt hatte.

Verundish konnte sich das Lächeln nicht verkneifen. »Es wäre mir eine Ehre.«

»Gut.« Ein Lächeln huschte über Tamas' ernstes Gesicht, und dann war er verschwunden.

DAS MÄDCHEN VON HRUSCH AVENUE

Zehn Jahre vor den Ereignissen aus »Blutschwur«

Vlora hatte vor, ein Gewehr zu stehlen.

Die eine Sache, die Vlora wirklich glücklich machte, war es, auf den flachen Dächern der Büchsenmachereien in Adopest zu sitzen und dabei zuzusehen, wie die Büchsenmacher ihre Gewehre und Musketen in der Gasse hinter Hrusch Avenue testeten.

Wenn die Rauchwolke von dem Schwarzpulver zwischen den Gebäuden emporstieg und zu ihrem Aussichtsplatz herüberwehte, füllte der Geruch von Schwefel ihre Nasenlöcher, und sie fühlte sich konzentriert und voller Energie. Einmal hatte sie versucht, es Amory, der Schulleiterin ihres Internats, zu erklären, aber Amory hatte es als kindisches Hirngespinst abgetan.

Und obwohl sie nur zehn Jahre alt war, wollte Vlora so ein Gewehr haben.

Amory würde das selbstverständlich niemals zulassen. Sie ließ Vlora nie etwas haben.

Vlora wusste, dass es falsch war, zu stehlen, aber sie *musste* ein Gewehr haben. Sie musste es abfeuern und den Rückstoß des Gewehrkolbens an ihrer Schulter spüren und fühlen, wie das Schwarzpulver ihre Lungen füllte. Sie sehnte sich nach der Musik eines Schießpulverknalls in ihren Ohren.

Manchmal ließen die Büchsenmacher eine Muskete ein paar Momente lang unbeaufsichtigt, während sie in ihre Werkstatt gingen, um mehr Pulver oder Kugeln zu holen. Vlora wusste, dass sie nur auf den richtigen Moment warten musste, um eine zu stibitzen. Sie könnte in die Gasse laufen, sich eine Waffe schnappen und dann damit die Straße hinunter wegrennen, bevor irgendjemand sie erwischen konnte.

Musketen oder Gewehre waren zu groß, zu sperrig. Sie konnte sie nicht unter ihrem Rock verstecken, und auf der Straße würde sie sicherlich jemand aufhalten – vielleicht sogar einer der Bullenbeißer-Zwillinge. Und im Internat hatte Vlora kein Versteck, das groß genug wäre für eine Muskete. Wenn Amory die Muskete fände, würde Vlora tief im Schlamassel stecken.

Vlora würde eine Pistole stehlen müssen.

Sie schlich sich aus ihrem Versteck und überquerte das flache Dach über den Werkstätten, dann kletterte sie das alte, kupferne Abflussrohr hinunter in die darunterliegende Gasse. Sie ging zur Hauptstraße und schlenderte den steinernen Bürgersteig entlang, der vor den Läden und Werkstätten von Hrusch Avenue verlief.

Die Straße war voller Menschen, und das Stimmenwirrwarr der Menge wurde überlagert vom Klappern der Hufeisen auf den Pflastersteinen. Die Lehrlinge der Büchsenmacher saßen vor den Läden und präsentierten die Waren ihrer Meister: gravierte Jagdgewehre oder Duellpistolen für den Adel, einfache Musketen mit Eichenholzschaft für die Soldaten, Donnerbüchsen für die Bauern vom Land.

Vlora ließ ihre Augen über die Waffen wandern. Entlang des Bürgersteigs von Hrusch Avenue waren Dutzende von Modellen ausgestellt und warteten nur darauf, dass sie sich jemand schnappte. Es waren nur zu viele Leute unterwegs. Irgendjemand würde Alarm schlagen, und sie würde keine Zeit haben, in der Menge unterzutauchen, bevor sie …

Ihr Blick blieb an der Mündung der schmalen Gasse hängen, die hinter die Läden und Werkstätten von Hrusch Avenue führte. Zwei straßenköterblonde Jungs saßen auf leeren Pulverfässern neben der Gasse. Sie waren beide etwa vierzehn Jahre alt, hatten runde, fast identische Gesichter und Stupsnasen und beobachteten den vorbeiziehenden Trubel mit zusammengekniffenen Augen, die Verachtung vorspielen sollten.

Die Bullenbeißer-Zwillinge.

Hrusch Avenue gehörte den Bullenbeißer-Zwillingen. Oder zumindest wollten sie, dass das die ganzen Waisen und Gassenkinder glaubten. Niemand bettelte oder stahl auf der Hrusch Avenue ohne die Erlaubnis der Bullenbeißer-Zwillinge, und wenn sie einen alleine erwischten, prügelten sie einen windelweich.

In der Schule hatte Vlora ein paar Kinder flüstern hören, dass die Bullenbeißer-Zwillinge mal eine Waise getötet und die Leiche in die Kanalisation geworfen hatten.

Sie hielt an, verschränkte die Arme hinter dem Rücken und tat so, als würde sie eine Pistole in dem Schaufenster betrachten. Sie hoffte, dass sie sie nicht bemerkt hatten.

»Hey!«, hörte sie eine vertraute Stimme rufen. »Die kleine Prinzessin!«

Einer der beiden Zwillinge – er nannte sich »Zünder« und war erkennbar an der Narbe über seinem Auge – sprang von seinem Fass und kam auf Vlora zu. Sein Bruder »Kugel« folgte ihm auf dem Fuß.

Vlora spürte, wie ihr Herz wie wild zu klopfen anfing. Bei so vielen Leuten auf der Straße würde ihr sicherlich jemand zu Hilfe kommen, wenn sie schrie ...

Amory hatte immer gesagt, dass es dumm sei, sich auf die Hilfe anderer zu verlassen.

Vlora entschied, dass Amory vielleicht dieses eine Mal recht hatte. Sie rannte los, quer über die Straße. Aus dem Augenwinkel sah sie, wie Zünder ihr hinterherrannte.

Sie lief vor einer Kutsche vorbei und dann unter einem Fass hindurch, das von zwei Männern getragen wurde. Als sie die gegenüberliegende Straßenseite erreicht hatte, sprintete sie in freier Sicht der Zwillinge den Bürgersteig entlang und rannte dann wieder auf die Straße. Sie versteckte sich zwischen zwei Karren, die mit Kisten voller Musketen für die adronische Armee beladen waren, und wartete.

Es dauerte nicht lange, bis die Bullenbeißer-Zwillinge an ihrem Versteck vorbeigelaufen waren.

Sie wartete ein paar Sekunden, dann kam sie hervor und rannte die Straße in die andere Richtung hinunter. Sie würden früher oder später bemerken, dass Vlora sie ausgetrickst hatte, und wieder zurückkommen.

Vlora rannte vor ein Pferd, das im leichten Galopp in der Mitte der Straße entlanglief. Sie wollte das Pferd zwischen sich und den Bullenbeißer-Zwillingen haben, damit es ihnen die Sicht versperrte.

Das Pferd erschreckte sich und riss seinen Kopf von ihr weg, dann bäumte es sich mit lautem Gewieher auf. Vlora stürzte vor Schreck zu Boden, als die Hufe donnernd auf die Pflastersteine aufschlugen, und der Reiter bemühte sich nach Kräften, sein Tier unter Kontrolle zu behalten.

»Verdammte Pisse!«, fluchte der Mann und riss heftig an den Zügeln, um das Pferd zu einer Seite zu lenken. »Verfluchte Gossenratten.« Er lehnte sich im Sattel vor, und Vlora hatte nur einen Augenblick Zeit, um ihren Arm zu heben, bevor seine Reitgerte auf sie herabfuhr.

Das schmale Ende der Gerte schnitt ihr den Arm der Länge nach auf, und sie stieß einen Schrei aus. Der Mann hob seinen Arm, um noch mal zuzuschlagen, aber sein Pferd buckelte und zwang ihn, sich mit beiden Händen festzuhalten, um nicht abgeworfen zu werden.

Vlora sprang auf und rannte mit tränenüberströmtem Gesicht davon, um in der Menge unterzutauchen. Ihr Arm war schon bald blutrot, und ein stechender Schmerz zog sich von ihrer Handfläche bis zum Ellenbogen.

Am Ende der Straße hielt sie inne und schaute zurück. Sie trocknete ihre Tränen lange genug, um nach dem Mann Ausschau zu halten, der sie geschlagen hatte. Er befand sich immer noch in der Mitte der Hauptstraße und fluchte lautstark, während er versuchte, sein Pferd wieder unter Kontrolle zu bekommen. Er trug eine feine Reitjacke und hatte ein flaches, breites Gesicht, das von Pockennarben übersät war. Sie nahm sich einen Moment Zeit, um sich das Gesicht einzuprägen.

Vlora ließ Hrusch Avenue und den Geruch von Schwarzpulver und verrauchten Werkstätten hinter sich; sie überquerte die Brücke über den Fluss Addown und betrat die Altstadt, wo sich hohe Häuser mit ihren verwahrlosten Backsteinfassaden um die engen Straßen scharten. In einem dieser Häuser lebte Vlora mit einem Dutzend anderer Mädchen und der Schulleiterin Amory.

Amory wurde fuchsteufelswild, als sie das Blut auf Vloras Schuluniform sah. Sie säuberte und vernähte die Wunde, dann schlug sie Vlora mit einem Stock, den sie über dem Kamin aufbewahrte, und schickte sie ohne Abendessen ins Bett.

Als Vlora einschlief, dachte sie an die Pistole, die sie stehlen wollte, und überlegte, dass sie sie vielleicht an Amory ausprobieren sollte – obwohl sie wusste, dass sie das niemals tun würde.

✦

Am nächsten Morgen wurde Vlora vom Geräusch ihres knurrenden Magens geweckt. Sie wartete darauf, dass die Kirchenglocke sieben Uhr schlug, denn sie wusste, dass sie sich eine weitere Tracht Prügel einhandeln würde, wenn sie Amory zu früh störte.

Vlora hatte sich gerade angezogen, als sie hörte, wie jemand mit Nachdruck an die Eingangstür des Internats klopfte.

Sie öffnete die Tür des Schlafsaals einen Spalt und gab dabei Acht, keines der anderen Mädchen im Zimmer zu wecken.

»Kommen Sie herein, Sir«, antwortete Amory auf die warme Baritonstimme eines Mannes.

Wer stattete ihnen zu so früher Stunde einen Besuch ab? Das Internat öffnete seine Türen nur selten vor elf Uhr. Vlora schlich sich den Flur entlang und achtete darauf, die knarrenden Dielen zu vermeiden, bis sie den Treppenabsatz erreichte, von dem aus sie in den Aufenthaltsraum im Erdgeschoss blicken konnte.

Amory saß mit dem Rücken zu Vlora. Ihr gegenüber saß ein älterer Gentleman mit dunklem Haar, strengen Zügen und kalten, dunklen Augen. Er trug eine schwarze Jacke mit Schößen, eine perfekt gebügelte Hose und ein weißes Hemd mit umgeschlagenem Kragen. In einer Hand hielt er einen Zylinder, und ein Gehstock lag auf seinem Schoß.

Vielleicht ein Verehrer? Früher kamen beinahe jede Woche Männer vorbei, um Amory zu sehen. In letzter Zeit empfing sie jedoch nur ein oder zwei Männer im Monat, und immer sagte sie ihnen, dass ihre Verpflichtungen gegenüber den Mädchen es ihr unmöglich machten, zu heiraten.

Vlora hatte verpasst, wie der Mann sich vorgestellt hatte, aber sie hörte, was er als Nächstes sagte: »Ich bin hier, um mich nach einem Mädchen zu erkundigen.«

»Nach einem Mädchen?«, wiederholte Amory etwas verwirrt.

»Ja. Sie ist etwa so groß«, er hielt seine Hand in die Luft, »zehn Jahre alt, dunkles Haar. Ein Freund von mir hat mich darüber informiert, dass sie sich in Ihrer Obhut befindet.«

Vlora spürte, wie ihr Herz kurz aussetzte. Keines der anderen Mädchen in ihrem Alter hatte dunkles Haar. Er konnte nur sie meinen.

»Sie meinen doch nicht etwa Vlora?«

»Ja, das war ihr Name.«

Vlora versuchte sich daran zu erinnern, irgendwelchen Fremden ihren Namen genannt zu haben, und ihr fiel ein, dass da ein Mann mit dunkler Haut und einem gutmütigen Lächeln gewesen war, der auf der Straße vor dem Internat mit ihr gesprochen hatte. Er hatte nach ihrem Namen gefragt und wo sie wohnte. Aber das war Monate her. Gab es eine Verbindung zwischen dem Mann von damals und dem Gentleman mit den kalten Augen?

Amory winkte ab, als sei Vlora nicht weiter von Bedeutung. »Sie ist mein Mündel, Sir. Eigentlich ein Mündel des Staates. Ihr Vater war ein Na-Baron aus dem Norden Adros. Ihre Mutter starb bei der Geburt, und ihr Vater starb verarmt Anfang dieses Jahres. Niemand aus ihrer Familie wollte sie aufnehmen, und dem Königshaus war es zuwider, ein Kind mit adligem Blut ins Waisenhaus zu schicken. Mir wird eine kleine monatliche Pension dafür ausgezahlt, dass ich mich um ihre Ausbildung und Erziehung kümmere.«

Vlora wusste, dass Amory dabei ein selbstmitleidiges Lächeln im Gesicht trug. Das war immer so, wenn sie über Vlora sprach.

»Es gibt niemanden, der sie aufnehmen würde?«, fragte der Gentleman mit den kalten Augen. »Wirklich niemanden?«

»Leider nein«, sagte Amory. »Nun, sie hat mich, aber sie ist ein undankbares Kind, und deshalb ... «

»Ich möchte sie kaufen.«

»Wie bitte?«

»Ich kann sehen, dass Sie das Mädchen sehr lieben, aber ich bin mir sicher, dass Sie sich von ihr trennen würden – für eine angemessene Summe.« Der Mann zog ein Scheckbuch aus seiner Brusttasche und schlug es auf.

Vlora schlich auf Zehenspitzen zurück zu ihrem Schlafsaal. Sie hatte genug gehört. Der Mann wollte sie kaufen, und sie wusste, was das bedeutete. Die Äbtissin der Kresim-Abtei, wo ihre Mutter beerdigt worden war, hatte ihr eingebläut, sich von alten Männern und ihren Perversionen fernzuhalten.

Sie sammelte ihre wenigen Spielsachen zusammen – ein Holzpferd, ein Bilderbuch, das ihrer Großmutter gehört hatte, und einen Ball aus fatrastanischem Gummi – und wickelte sie zusammen mit einigen Kleidungsstücken in ihr Bettlaken ein. Sie brauchte ein paar Momente, um das Fenster des Schlafsaals zu öffnen, ohne dabei Lärm zu machen. Die ganze Zeit über konnte sie die gedämpften Stimmen der Erwachsenen durch die Wand hören.

Eines der anderen Mädchen hob den Kopf vom Kissen und fragte, wo Vlora hinginge. Vlora bedeutete ihr, still zu sein. Sie schlüpfte mit dem zusammengeknoteten Laken über der Schulter durch das Fenster des Schlafsaals und kletterte hinunter zur Straße.

✦

Vloras Mutter lag auf dem Friedhof am Talien-Platz begraben. Der Friedhof gehörte zu einer Abtei, die im Viertel auf der anderen Seite des Flusses lag, direkt nördlich von Hrusch Avenue. Es war nicht das erste Mal, dass Vlora aus dem Internat weglief, seit ihr Vater gestorben war. Die Priesterinnen in der Abtei waren immer sehr nett, sie stellten ihr ein Feldbett zum Schlafen bereit und brachten ihr warmes Brot am Morgen. Als Vlora der Äbtissin von der Unterhaltung zwischen Amory und dem Gentleman mit den kalten Augen berichtete, wurde ihr gesagt, dass sie so lange bleiben konnte wie nötig.

Die Äbtissin hatte Amory noch nie besonders gemocht.

Vlora fing an, ihre Morgen mit der Äbtissin zu verbringen und mit ihr die Kresim-Evangelien zu studieren. Die Nachmittage verbrachte sie auf den Dächern der Büchsenmachereien von Hrusch Avenue und schaute den Büchsenmachern dabei zu, wie sie ihre Musketen testeten.

Es war keine Woche her, dass sie von Amory weggelaufen war. Sie war an ihrem üblichen Platz, von wo aus sie Ausschau hielt nach einer Gelegenheit, eine Pistole zu stehlen, als sie sah, wie die Bullenbeißer-Zwillinge Hrusch Avenue entlangschlichen.

Sie sah sofort, wer ihr Ziel war. Der Junge sah aus, als sei er zehn oder elf Jahre alt. Er hatte schwarze Haare und ein ernstes Gesicht, und er ging alleine mit zwei Büchern unter dem Arm den Bürgersteig vor den Büchsenmachereien entlang. Er trug eine Schuluniform mit einer kurzen Hose, die bis zu den Knien reichte, und langen Socken, die fast bis zur Hose gingen.

Er kam ihr bekannt vor, und Vlora meinte, ihn bereits ein- oder zweimal auf Hrusch Avenue gesehen zu haben.

Sie rief ihm eine Warnung zu, die aber im Lärm der Stadt unterging. Der Junge wirkte tief in seine Gedanken versunken.

Die Bullenbeißer-Zwillinge näherten sich ihm von hinten. Beide wogen mindestens zehn Kilo mehr als der Junge und überragten ihn um einige Zentimeter. Zünder kam von rechts, schlug dem Jungen die Bücher aus der Hand und verpasste ihm dann eine Ohrfeige. Kugel lachte, nahm die Bücher und warf sie auf die Straße.

Der Junge wirbelte mit einem entsetzten Gesichtsausdruck herum.

Vlora kannte diesen Blick, sie hatte ihn schon bei unzähligen unfairen Prügeleien gesehen. Sie ahnte, was als Nächstes passieren würde: Er würde das Gesicht verziehen und anfangen, zu weinen, und die Zwillinge würden ihn zu Boden schubsen und so lange treten, bis sie das Interesse verloren hatten.

Aber der Junge holte aus und schlug Zünder mit der Faust auf die Nase.

Zünder taumelte überrascht nach hinten und hielt sich das Gesicht. Der Junge wich nicht zurück; er hatte die Hände an seinen Seiten und fletschte wütend die Zähne. Kugel sprang auf ihn zu, packte ihn an der Hüfte und warf ihn zu Boden. Der Junge trat und schlug um sich, aber er hatte keine Chance.

Vlora konnte es nicht glauben. Jemand bot den Bullenbeißer-Zwillingen die Stirn. Und zwar kein Erwachsener, sondern jemand in ihrem Alter! Sie rutschte das Abflussrohr hinunter und hielt nur kurz inne, um einen gesplitterten Musketenschaft aufzuheben, der in den Dreck geworfen worden war.

Zünder schaute zu, wie sein Bruder mit dem kleineren Jungen rang, und stachelte sie beide an. Er drehte sich gerade noch rechtzeitig zu Vlora um, dass sie ihm den alten Musketenschaft zwischen die Augen rammen konnte. Er sackte auf dem Bürgersteig zusammen.

Vlora trat Kugel mit dem Fuß in die Rippen. Sie brauchte zwei weitere Tritte, um den zweiten Zwilling von dem Jungen runter zu bekommen. Vlora packte den Jungen an der Hand und zog ihn auf die Füße.

»Meine Bücher!« Der Junge riss sich von ihr los und rannte auf die Straße. Er wich dem Verkehr aus, um seine Bücher aus dem Dreck aufzulesen. Als er zurückkam, rappelte sich Kugel gerade wieder vom Boden auf.

»Komm mit«, sagte Vlora.

Sie verließen Hrusch Avenue und tauchten in den unzähligen Nebenstraßen von High Talien unter, bevor Vlora sich wieder sicher fühlte.

»Warum haben die mich angegriffen?«, fragte der Junge, als sie vor einer Bäckerei anhielten, um Luft zu schnappen.

Vlora klopfte sich etwas Dreck vom Saum ihres Kleides. »Weil du kleiner bist. Weißt du etwa nicht, wer die Bullenbeißer-Zwillinge sind?«

Der Junge schüttelte den Kopf.

»Wie heißt du?«, fragte Vlora.

»Taniel.«

»Ich bin Vlora.«

Er war ein bisschen größer als Vlora; er hatte ein schmales Gesicht und kurz geschorenes Haar, wie ein Soldat. Sie bemerkte, dass seine Knöchel verschrammt waren und er ein blaues Auge hatte, das schon lange vor der Prügelei mit den Bullenbeißer-Zwillingen da gewesen sein musste.

Das war nicht seine erste Rauferei.

Der Junge wischte sich seine blutige Nase ab, und Vlora merkte sofort, dass die Aufregung für ihn anscheinend verflogen war. Seine Augen wirkten gelassen, und abgesehen davon, dass er etwas außer Puste war, war sein Atem ruhig. Er warf einen Blick zurück in die Richtung, aus der sie gekommen waren, so als würde er darüber nachdenken, für eine zweite Runde zurückzugehen.

»Die Bullenbeißer-Zwillinge haben auf Hrusch Avenue das Sagen«, erklärte Vlora. »Sie legen sich mit jedem an, der kleiner ist als sie. Außer mit den Lehrlingen der Büchsenmacher. Dafür sind selbst die zu klug.«

Taniel schnaubte. »Niemand hat auf Hrusch Avenue das Sagen«, sagte er. »Nicht mal die Armee. Das sagt mein Papa.«

»Na ja, dein Papa ist wahrscheinlich viel größer als die Bullenbeißer-Zwillinge.«

»Er würde sie windelweich prügeln, auch wenn sie erwachsen wären.« Taniel reckte sein Kinn in die Luft. »Mein Papa gewinnt alle seine Kämpfe.«

Vlora schmunzelte. Er war nicht der Erste, der das behauptete.

Taniel behielt sein Kinn oben, und seine Augen forderten sie auf, sein Wort infrage zu stellen. Er schaute sie einen Moment lang an, dann blickte er hinunter zu seinen Büchern. Sie waren voller Dreck, und der Einband des einen Buches war eingerissen. Er blätterte sie traurig durch, und Vlora erhaschte einen Blick auf gelöste Arithmetik-Aufgaben und Kohlezeichnungen von Bäumen und Tieren.

»Tut mir leid, dass sie deine Bücher kaputt gemacht haben«, sagte Vlora.

»Ist nicht das erste Mal, dass sie jemand in den Dreck geworfen hat.« Taniel klang deprimiert. »Ich werde sie morgen vor dem Unterricht sauber machen müssen.« Plötzlich besserte sich seine Laune. »Mein Papa hat mir Geld fürs Abendessen gegeben. Er ...« Taniel hielt kurz inne, um die Augen zu verdrehen. »Er hat eine Besprechung mit meiner neuesten Erzieherin. Möchtest du dir ein Hörnchen mit mir teilen?«

»Gerne«, sagte Vlora.

✦

Drei Tage später kam Taniel wieder, begleitet von einem anderen Jungen. Der andere Junge hatte langes, rotbraunes Haar und war ein wenig größer und hatte etwas breitere Schultern als Taniel. Aus ihrem Versteck über Hrusch Avenue sah Vlora sie kommen und kletterte hinunter, um sie zu treffen.

»Das ist mein Bruder, Borbador«, stellte Taniel den anderen Jungen vor. »Du kannst ihn Bo nennen. Er ist ein guter Kämpfer. Er wird uns helfen, falls die Bullenbeißer-Zwillinge auftauchen.«

Bo streckte ihr eine Hand entgegen, und Vlora schüttelte sie. Es kam ihr sehr erwachsen vor.

Plötzlich erhellte ein Lächeln Taniels dunkle Miene. »Mein Papa hat mir beigebracht, wie man kämpft. Er sagt, man soll nie einen Kampf anfangen, von dem man weiß, dass man ihn nicht gewinnen kann.«

»Tust du aber trotzdem«, sagte Bo.

Taniel schniefte und warf Bo einen Blick zu. »Bo ist nicht wirklich mein Bruder. Er ist mein bester Freund, aber er wohnt bei uns. Bo war im Waisenhaus. Er ist ein Straßenkind wie du, obwohl er jetzt nicht mehr auf der Straße lebt.«

»Oh.« Vlora spürte, wie ihre Wangen rot wurden. »Ich bin kein Straßenmädchen.«

»Bist du nicht?«

»Meine Eltern waren ...« Sie hielt inne und erinnerte sich daran, wie die anderen Kinder sie immer »kleine Prinzessin« nannten, wenn sie ihnen erzählte, dass ihre Eltern adlig gewesen waren. »Meine Eltern sind tot. Ich wohne in einem Mädcheninternat, aber ich bin weggelaufen.«

Taniel nickte ernst. »Erzieherinnen und Lehrer sind alle gleich«, sagte er. »Ich mag keine Erzieherinnen. Alle paar Wochen haben wir eine neue.« Er und Bo warfen sich einen unergründlichen Blick zu. »Warum bist du weggelaufen?«

Vlora wollte es gerade erklären, als sie über Taniels Schulter hinweg jemanden entdeckte. »Schnell«, sagte sie, »hier hinein.«

Sie schlüpften in die nächste Gasse, und Taniel warf einen vorsichtigen Blick auf die Straße. »Sind es die Bullenbeißer-Zwillinge?«

»Nein«, sagte Vlora. »Ein Adliger.« Sie streckte ihren Arm so aus, dass Taniel den langen Schnitt sehen konnte, der entlang ihres Armes verlief. Sie hatte immer noch Schmerzen, wenn sie ihren Arm bewegte, und es fing gerade erst an, zu verheilen. »Er hat mir das angetan, als ich sein Pferd erschreckt habe.« Der bloße Gedanke daran machte sie wütend.

»Wer davon?«, fragte Bo.

Vlora zeigte auf einen Mann, der in der Mitte der Hauptstraße ritt. Sein pockenvernarbtes Gesicht würde sie so leicht nicht vergessen.

Er ritt auf einem anderen Pferd als letztes Mal und trug eine weiße Uniform mit goldenen Epauletten. An seiner Hüfte hing ein Schwert. Er hatte breite Schultern, und sein blondes Haar steckte unter einem gold-weißen Zweispitz.

»Das ist Baron Fendamere«, sagte Taniel.

»Du kennst ihn?«

»Ich habe ihn schon mal gesehen. Mein Papa kennt ihn.«

»Ist dein Papa ein Adliger?« Vlora musterte Taniel. Er wirkte nicht wie der Sohn eines Adligen. Die Söhne von Adligen stromerten nicht alleine durch die Stadt.

»Nein, er ist ein Pulvermagier. Er mag keine Adligen.«

Vlora wusste nicht, was ein Pulvermagier war. Bevor sie nachfragen konnte, fuhr Taniel fort.

»Papa sagt, unter den Adligen von Adro gibt es niemanden, der grausamer ist als Baron Fendamere. Siehst du das Schwert an seiner Hüfte? Papa sagt, dass er ein not... not...«

»Notorischer«, murmelte Bo ihm zu.

»... ein notorischer Duellant ist. Er kämpft gegen jeden, wenn er kann. Papa sagt, dass der Baron bei einem Feldzug in Gurla Frauen und Kinder zum Spaß getötet hat.«

Vlora bemerkte einen dampfenden Haufen Pferdemist auf den Pflastersteinen in der Nähe.

»Wollen wir ihn mit Kacke bewerfen?«

Die Jungs sagten Ja; sie hoben jeder eine Handvoll Mist auf und folgten Fendamere, der im langsamen Galopp die Straße entlangritt.

Vlora duckte sich hinter zwei Fässer und drehte sich zu ihren Komplizen. »Bereit?«, fragte sie.

Die beiden Jungs nickten; sie kamen aus ihrer Deckung hervor, und jeder von ihnen zielte und warf seinen Haufen. Bo warf daneben, während Taniel die weiße Uniformjacke des Barons traf und Vloras Haufen mit einem Schmatzen gegen den Nacken des Barons klatschte.

Der Baron wirbelte mit einem Brüllen auf den Lippen herum, aber Taniel rannte schon über die Straße. Vlora folgte ihm auf den Fersen, und Bo lief ihnen hinterher.

»Könnt ihr klettern?«, fragte Vlora außer Atem. Ohne eine Antwort abzuwarten, bog sie in eine Gasse ab. »Hier entlang!«

Sie kletterte ihr Abflussrohr hinauf zu dem Dach über Hrusch Avenue. Taniel und Bo folgten ihr.

Sie versteckten sich eine Weile und schauten zu, wie der Baron unter ihnen auf der Straße wütete. Er trat Pulverfässer und Verkaufsstände um und verfluchte diese verdammten Gossenratten. Er suchte überall nach ihnen und holte sogar einige Lehrlinge dazu, bevor er endlich aufgab und sich davonmachte.

Bo verzog sich kurz darauf, er murmelte irgendwas von einem älteren Mädchen, mit dem er sich treffen wollte.

Nachdem Bo gegangen war, führte Vlora Taniel zu ihrem Versteck über der Gasse, wo die Büchsenmacher ihre Musketen testeten. Die

Gasse war leer, aber der Geruch von Schießpulver hing noch in der Luft und verschaffte Vlora ein glückliches Gefühl.

Sie warfen Stücke von kaputten Tonziegeln vom Dach und hörten zu, wie sie in der Gasse unter ihnen zersplitterten.

Vlora erinnerte sich daran, was Taniel vorhin über seinen Vater gesagt hatte. »Was ist ein Pulvermagier?«, fragte sie.

»Das weißt du nicht?« Taniel holte aus und warf ein Ziegelstück über die Gasse hinweg; es landete auf dem abgeschrägten Dach des Gebäudes gegenüber und rollte hinunter, bis es in einer Regenrinne stecken blieb.

»Natürlich weiß ich, was das ist«, sagte sie. »Ich habe nur einen Witz gemacht.«

»Oh.«

Sie wartete ein paar Momente, dann fühlte sie sich schuldig, dass sie gelogen hatte. »Nein, eigentlich weiß ich das nicht. Ich wollte nur nicht, dass du mich für dumm hältst.«

»Nun«, sagte Taniel. »Jeder *sollte* wissen, was ein Pulvermagier ist.«

Vlora schaute hinunter auf ihre Hände. Er musste sie wirklich für dumm halten.

»Also, deswegen erzähle ich es dir jetzt, meine ich«, fuhr Taniel fort. »Ein Pulvermagier ist jemand, der Schießpulver mit der Kraft seiner Gedanken beeinflussen kann«, sagte Taniel. »Er kann es einatmen und schmecken, und es macht ihn stärker und schneller als normale Menschen. Ein Pulvermagier kann eine Kugel über große Distanzen schießen, sogar über mehrere Meilen!« Taniel lehnte sich vor und flüsterte verschwörerisch. »Pulvermagier können sogar Privilegierten-Magier töten.«

Bis zu diesem Punkt hatte Vlora die Geschichte genossen. Sie drehte sich weg und verschränkte die Arme.

»Was ist?«, fragte Taniel.

»Du hältst mich *doch* für dumm.«

»Tu ich nicht.«

»Tust du. Niemand kann Privilegierten-Magier töten.«

»Doch, Pulvermagier. Haben sie auch schon.«

»Das ist nicht wahr.«

»Ist es doch! Ich schwöre es.«

»Woher willst du das wissen?«

»Mein Vater ist einer, und er hat schon Privilegierte getötet. Und eines Tages werde ich auch ein Pulvermagier sein.«

Vlora glaubte es immer noch nicht. Privilegierte waren die mächtigsten Leute in den Neun. Sie konnten mit einem Fingerschnipsen ganze Städte dem Erdboden gleichmachen. Wer sollte einen von ihnen töten können? Sie versuchte sich vorzustellen, wie es wohl wäre, jemanden so Mächtiges wie einen Privilegierten zu töten, als ihr plötzlich ein Geistesblitz kam.

Sie lehnte sich dicht an Taniel heran. »Kann eine Frau ein Pulvermagier sein?«, fragte sie flüsternd.

»Aber klar. Meine Mama war auch eine Pulvermagierin. Als sie noch ... am Leben war.«

Vlora versuchte, sich ihre Aufregung nicht anmerken zu lassen. Sie rückte näher an die Dachkante heran, sodass ihre Füße hinunterbaumelten. »Wenn ich groß bin, werde ich eine Pulvermagierin.«

»Das kannst du nicht«, sagte Taniel.

»Wieso nicht? Du hast doch gesagt, Frauen können auch Pulvermagier sein.«

»Manche Frauen. Nur Leute mit dem richtigen Talent können welche werden. Papa sagt, dass das sehr selten ist.«

Vlora schniefte. »Ich will eine Pulvermagierin werden.«

»Tut mir leid.«

Sie saßen eine Zeit lang still da, bis Taniel sich aufrappelte. »Ich sollte nach Hause gehen. Ich habe morgen Schule.«

»Danke, dass du mit mir den Baron mit Kacke beworfen hast«, sagte Vlora.

Taniel lächelte sie an. »Lass uns das bald wieder tun.«

✦

In der nächsten Woche fand Amory Vlora.

Vlora war in Bakerstown. Sie hatte eine Zwanzig-Krana-Münze auf der Straße gefunden und hatte vor, eine Pastete zu kaufen, die sie sich mit Taniel und Bo teilen wollte. Sie hatte die Münze in der Hand und ihr Gesicht gegen das Schaufenster der Bäckerei gepresst, damit sie sich die ganzen Köstlichkeiten genau anschauen konnte.

Jemand packte sie am Ohr und zog sie nach hinten.

Vlora spürte, wie sie ein Gefühl der Angst durchströmte. Hatten die Bullenbeißer-Zwillinge sie gefunden? Oder vielleicht der grausame Baron?

Sie wurde herumgedreht und starrte in die Augen der Schulleiterin.

Ihr hellbraunes Haar, das normalerweise geglättet und mit einer Schleife nach hinten gebunden war, war offen und wehte im Wind. Ihre zusammengekniffenen Augen starrten Vlora an, ihre Wangen waren rot, und ihre Mundwinkel zeigten steil nach unten.

»Du dummes Mädchen«, bellte Amory sie an.

Vlora hatte sie noch nie so wütend gesehen.

Amory hielt sie immer noch am Ohr. Sie schüttelte sie fest.

»Das tut weh«, beschwerte sich Vlora.

»Soll es auch«, sagte Amory. »Und das ist erst der Anfang. Diese Woche wirst du jeden Abend eine Tracht Prügel kriegen. Erinnerst du dich an das letzte Mal, als du weggelaufen bist? Ich habe dir gesagt, dass ich dich einen Monat in den Keller sperren werde, und das meinte ich auch so.«

Vlora versuchte, sich loszuwinden, aber Amory hielt sie weiter am Ohr fest. »Sie haben nicht vor, mich einzusperren. Sie wollen mich verkaufen.«

»Dich verkaufen?«, fragte Amory. »Warte, was ist das hier?« Sie griff sich Vloras Hand und zwang sie auf, sodass die Zwanzig-Krana-Münze zum Vorschein kam.

»Das ist meine!«

»Jetzt nicht mehr«, sagte Amory und steckte die Münze in die Tasche. »Die hast du wahrscheinlich gestohlen, du kleine Göre. Die behalte ich jetzt für den ganzen Ärger, den du mir beschert hast. Jetzt komm mit, und zwar ohne einen Aufstand zu machen.«

»Nein.«

»Nein? Du willst wohl, dass ich dir auf offener Straße den Hintern versohle! Versuch gar nicht erst, wegzulaufen«, sagte sie, als Vlora sich losreißen wollte. »Ich weiß, dass du in der Abtei am Talien-Platz übernachtest. Es gibt keinen Ort, an dem du dich verstecken kannst.«

»Sie wollen mich an einen alten Mann verkaufen!«

»Ich werde dich nicht verkaufen.« Amory schaute zum Himmel, so als wolle sie Kresimir anflehen, dann fixierte sie ihren Blick auf Vloras Schulter.

Das tat sie immer, wenn sie log.

Amory fing an, Vlora die Straße entlangzuzerren. Vlora ließ sich auf den Boden fallen und machte sich so schwer sie konnte.

»Ich werde dich den ganzen Weg nach Hause ziehen«, warnte Amory und fing an, genau das zu tun.

Plötzlich sprang Vlora auf und trat Amory so fest gegen das Schienbein, wie sie konnte.

Amory jaulte auf und ließ Vlora los; sie hielt sich ihr Bein.

»Du Göre! Das bedeutet zwei Monate im Keller!«

Vlora war bereits losgerannt. Sie war schon viele Male vor den Bullenbeißer-Zwillingen davongelaufen. Sie wusste, dass sie auch Amory davonlaufen konnte.

Sie hatte bereits die Hälfte des Weges zur Abtei am Talien-Platz zurückgelegt, als ihr einfiel, was Amory gesagt hatte. Die Schulleiterin wusste, wo Vlora bis jetzt übernachtet hatte. Es wäre der erste Ort, an dem sie sie suchen würde, und obwohl die Äbtissin Amory nicht leiden konnte, würde sie keine andere Wahl haben, als ihr Vlora zu übergeben.

Vlora hatte nirgendwo, wo sie hinkonnte, und Amory hatte ihr ihr Geld abgenommen.

✦

Die nächsten vier Nächte verbrachte Vlora auf den Dächern über Hrusch Avenue.

Die Tage waren angenehm, aber die Nächte waren kalt, und Vlora wusste, dass in ein paar Monaten der Winter anbrechen würde. Ohne eine Zuflucht würde sie dann erfrieren.

Sie verabscheute den Gedanken, zu Amory zurückzugehen. Sie würde lieber im Schnee sterben.

Ohne das Brot, das sie sonst von der Abtei bekommen hatte, war sie jeden Tag hungrig. Sie wusste, wie es war, einen Tag lang nichts zu essen – dafür hatte Amory häufig genug gesorgt –, aber nach dem zweiten Tag verknotete sich ihr Magen, und am dritten Tag fühlte sie sich zittrig und schwach.

Gegen Ende des dritten Tages kippte auf Hrusch Avenue ein Apfelkarren um, und Vlora schaffte es, vor den Bullenbeißer-Zwillingen da zu sein. Sie schnappte sich mehrere große, rote Äpfel und brachte sie unter ihrem Rock zurück in ihr Versteck.

Am fünften Tag sah sie Taniel auf der Straße.

Er spazierte in seiner Schuluniform umher und schaute in Fässer und unter Karren, so als suche er etwas.

Vlora schaute die Straße hinauf und hinunter, konnte aber die Bullenbeißer-Zwillinge nirgendwo sehen. Gerade als sie nach Taniel rufen wollte, fiel ihr etwas anderes ins Auge, und sie duckte sich.

Es war der Gentleman mit den kalten Augen. Der, der Amory Geld geboten hatte, um sie zu kaufen.

Er stand neben der Eingangstür einer Werkstatt und sprach leise mit dem Büchsenmacher. Seine Hände waren verschränkt, der Rücken durchgedrückt, und anders als vor zwei Wochen trug er jetzt eine schicke dunkelblaue Uniform mit silbernen Zierstreifen – die Uniform eines Offiziers der adronischen Armee. Außerdem hatte er einen Degen an der Hüfte, und eine Pistole steckte in seinem Gürtel.

Vlora spähte aus ihrem Versteck hervor. Taniel befand sich weiter die Straße hinunter, und der Gentleman stand mit dem Rücken zu ihr … Sie wartete einen Moment, dann nickte der Gentleman dem Büchsenmacher plötzlich zu und ging die Straße entlang, weg von Vlora.

Sie wartete, bis er eine andere Werkstatt entlang Hrusch Avenue betreten hatte, bevor sie nach Taniel rief.

Taniel schaute sich verwirrt um, dann blickte er hoch zu ihr. Er winkte.

Vlora kletterte ihr Abflussrohr hinunter und hielt in der Gasse inne. Plötzlich wurde ihr bewusst, wie schmutzig sie war; ihre Uniform war zerrissen und verdreckt, ihr Gesicht war seit vier Tagen ungewaschen, und ihre Hände zitterten ein wenig vor Hunger.

Sie konnte nicht zulassen, dass Taniel sie so sah! Sie hatte ihm gesagt, sie sei kein Straßenmädchen ...

Zu spät. Taniel kam in die Gasse und grinste sie an. »Hi Vlora.«

»Hi.« Sie fand, dass das Grinsen in seinem sonst so ernsten Gesicht komisch aussah, und ihr wurde klar, dass Taniel sich nicht um dreckige Klamotten scheren würde. Das machte sie glücklich. »Hast du nach jemandem gesucht?«, fragte sie.

»Oh, ja«, sagte Taniel. »Bo versteckt sich irgendwo. Er hat gesagt, dass er seinen Obstkuchen mit mir teilt, wenn ich ihn finde, bevor er ihn aufgegessen hat.« Taniel schien zu bezweifeln, dass er das schaffen würde. »Aber er isst ziemlich schnell.«

»Ich kann dir helfen«, sagte Vlora.

»Wenn du ihn findest, gebe ich dir etwas von dem Kuchen ab«, sagte Taniel.

Vlora nickte und versuchte, nicht zu begierig zu wirken.

Sie rannten zur Straße und schauten überall nach, wo ein Junge sich verstecken könnte. Vlora kannte alle guten Verstecke – sie benutzte sie, um den Bullenbeißer-Zwillingen aus dem Weg zu gehen. Sie schaute in dem alten Weinfass in der dritten Gasse nach und unter der Holztreppe vor Durns Werkstatt. Sie schaute sogar oben auf den Dächern nach.

Sie hielten beide die Augen offen nach den Bullenbeißer-Zwillingen, und Vlora hielt besonders Ausschau nach dem Gentleman mit den kalten Augen. Sie sah ihn einmal, aber er verließ Hrusch Avenue zu Fuß, weshalb sie sich keine großen Sorgen machte.

Schließlich setzte sich Taniel auf den Bürgersteig und stützte sein Kinn mit der Hand ab. »Mist«, sagte er. »Normalerweise finde ich ihn.« Er nickte Vlora zu, so als stünde es jetzt fest. »Bo schummelt gerne. Er sagt, dass Leute, die nach den Regeln spielen, immer verlieren.«

Vlora nickte zurück, aber ihr war schlecht. Die ganze Herumrennerei hatte sie daran erinnert, wie hungrig sie tatsächlich war, und die Aussicht auf Obstkuchen hatte ihre Hoffnungen geweckt.

Plötzlich bebte ihre Brust, und sie kämpfte mit den Tränen. Sie wusste, dass sie zu Amory zurückgehen musste.

Sie würde ihre Bestrafung akzeptieren müssen und sich zwei ganze Monate in den dunklen Keller einsperren lassen. Vielleicht verkaufte Amory sie auch an den Gentleman mit den kalten Augen.

Aber Amory würde ihr wenigstens etwas zu Essen geben.

»Geht es dir gut?«, fragte Taniel.

Vlora wischte sich die Nase mit der Rückseite ihres Ärmels ab. »Ja, mir geht's gut.«

»Bist du dir sicher?«

»Ja.« Sie hatte nicht vor, gegenüber Taniel Schwäche zu zeigen. Niemand mochte ein schwaches Kind.

»Hast du Hunger?«, fragte Taniel.

Vlora wollte aufspringen und »Ja!« schreien, aber sie zuckte einfach mit den Schultern. »Ein bisschen.«

»Um die Ecke gibt es einen Laden, der Fleischpasteten verkauft«, sagte Taniel. »Ich könnte mir etwas Geld von meinem Papa holen, und dann können wir uns eine teilen.«

Vlora schlang die Arme um sich und fragte sich, ob Taniel ihre Gedanken lesen konnte. Woher wusste er, dass sie so hungrig war? War es so offensichtlich?

Sie gingen auf das Ende von Hrusch Avenue zu, aber Taniel hielt plötzlich inne und duckte sich zur Seite weg.

»Die Bullenbeißer-Zwillinge?«, fragte Vlora, als sie sich mit ihm im Eingang einer Werkstatt versteckte.

»Nein«, sagte Taniel. »Baron Fendamere. Siehst du? Das ist seine Kutsche.«

Die Kutsche, der ein einzelnes Pferd vorgespannt war, parkte am Ende von Hrusch Avenue. Sie war schwarz mit goldenen Verzierungen und hatte Trittbretter an beiden Seiten. Ein blutrot gekleideter Kutscher saß vorne auf dem Bock. Baron Fendamere streckte sein pockennarbiges Gesicht aus einem der Fenster, und ein Büchsenmacher brachte ein langes, braunes Paket zur Kutsche, das mit weißem Faden zusammengebunden war, und fing an, es am Dach der Kutsche festzumachen.

»Willst du ihm eins auswischen?«, fragte Taniel.

»Vielleicht sollten wir uns einfach eine Pastete holen.« Der Schnitt an Vloras Arm war endlich verheilt und hatte nur eine breite, rosafarbene Narbe hinterlassen. Sie wollte dem Baron eins auswischen, aber noch mehr wollte sie etwas essen.

»Warte hier«, sagte Taniel.

Einen Moment später kehrte er mit einer langen Stahlstange zurück, die aussah wie diejenigen, die Vlora durch die Fenster der Werkstätten gesehen hatte, die benutzt wurden, um Musketenläufe herzustellen. Taniel konnte sie kaum tragen, aber er hatte ein unheilvolles Grinsen im Gesicht.

»Pass genau auf«, sagte er. Die Kutsche des Barons hatte sich in Bewegung gesetzt und kam ihnen entgegen. Taniel sprang auf die Straße, und als die Kutsche an ihm vorbei war, schleuderte er die Stange in die Speichen des Hinterrads.

Das Rad hielt plötzlich an, und einige der Speichen brachen; die Kutsche machte einen Satz nach vorne und kam dann zum Stehen, als der Kutscher das Pferd zügelte. Die Kutschentür wurde aufgeworfen, und Baron Fendamere kam heraus, das pockenvernarbte Gesicht rot vor Wut.

Taniel nahm Reißaus und rannte die Straße entlang.

Vlora war nur drei Schritte hinter ihm, als sie spürte, wie jemand sie von hinten an den Haaren packte. Ihre Füße traten nur noch Luft, als sie unsanft nach hinten gerissen wurde.

Sie starrte hoch in die Augen des Barons, die Gewalt versprachen. Sie versuchte, sich loszureißen, aber er hielt sie fest an den Haaren.

Er stank nach Schweiß und starkem Parfum.

»Hab dich«, sagte der Baron.

Er warf sie zu Boden und drückte ihr seinen Stiefel in den Nacken. Vloras Gesicht wurde gegen die heißen Pflastersteine gedrückt, und ihrem Mund entfuhr ein Wimmern. Weiter die Straße hinunter hatte Taniel sich umgedreht, um nach ihr zu schauen, und stand jetzt mit offenem Mund da.

»Du bist als Nächstes dran, Junge«, rief der Baron.

Taniel rannte los.

»Besorg mir eine neue Kutsche«, sagte der Baron zu seinem Kutscher. »An die Arbeit, Mann. Nimm eine in Beschlag, wenn es sein muss, ich will keine Sekunde länger mit diesen Straßenkötern hier draußen stehen.«

Vlora spürte, wie ihr der Stiefel fest in den Nacken gedrückt wurde. Dann war der Druck weg, und der Baron zog sie auf die Füße.

»Glaub nicht, dass ich mich nicht an dich erinnere, Mädchen.« Er fasste sie fester an dem Arm, der die Narbe trug, die sie ihm verdankte. »Du hast mein Pferd erschreckt und mich dann mit Scheiße beworfen, und jetzt hast du meine Kutsche lahmgelegt …«

Vlora schrie und biss in sein Handgelenk.

Der Baron ließ sie lange genug los, um ihr eine Ohrfeige mit der Rückhand zu verpassen. »Schrei so viel du willst, Mädchen. Niemand wird dir helfen.« Er lehnte sich dicht zu ihr, dicht genug, dass sie seinen heißen, nach Wein stinkenden Atem in ihrem Nacken spüren konnte. »Du wirst meinen Hunden viel Freude bereiten, Mädchen. Morgen werde ich dich mit aufs Land nehmen und zusehen, wie sie dich in Stücke reißen.«

Eine Kutsche rumpelte die Straße entlang; der Kutscher rief den Leuten zu, aus dem Weg zu gehen, und hielt neben der kaputten Kutsche an. Der Kutscher sprang vom Bock und öffnete die Tür für den Baron. Baron Fendamere packte Vlora am Nacken und warf sie mit Gewalt in die Kabine.

Vlora krabbelte sofort zur gegenüberliegenden Tür und versuchte, die Klinke zu erreichen, aber der Baron sprang ihr hinterher und warf sie auf eine der Bänke.

»Du hast Kampfgeist, Mädchen. Du wirst eine gute Jagdbeute für meine Hunde abgeben.« Er klopfte mit der Faust gegen die Decke.

»Vielleicht schneide ich dir erst einen deiner Füße ab und schaue zu, wie du über das Feld hoppelst, während sie dich jagen.«

Der Baron schaute aus dem Fenster; seine Augen blickten in die Ferne, und er hatte ein Lächeln auf den Lippen.

»Verdammt noch mal«, sagte er plötzlich und klopfte wieder gegen das Dach der Kabine. »Warum fahren wir nicht los?«

»Da steht ein Junge vor dem Pferd, Sir«, antwortete der Kutscher. »Er geht nicht aus dem Weg.«

»Dann fahr ihn halt um«, bellte der Baron.

Eine ruhige, kalte Stimme erhob sich über den Lärm der Stadt.

»Wenn Sie meinen Sohn umfahren, werde ich Sie augenblicklich erschießen. Baron Fendamere, bitte kommen Sie aus der Kutsche.«

Der Baron lehnte sich vor und verpasste Vlora eine Ohrfeige, dass ihr die Ohren klingelten. »Bleib hier«, sagte er und trat die Tür auf. Er erhob seine Stimme, um den Mann auf der Straße anzusprechen. »Wer zur Grube glauben Sie, wer Sie sind?«

»Sie kennen mich, Baron.«

»Oh.« Der Baron stoppte direkt vor der Kutsche. »*Sie.*«

Vlora hörte ein Geräusch an der gegenüberliegenden Kutschentür, die plötzlich geöffnet wurde. Dort standen Taniel und Bo und machten große Augen.

Vlora hätte vor Freude losheulen können.

»Komm, Vlora«, sagte Taniel.

Sie folgte ihnen nach draußen, und sie schlichen sich fort von der Kutsche. Als sie weit genug weg waren, fing Vlora an zu rennen, blieb aber stehen, als Taniel ihr hinterherrief.

»Warte!«

Sie hielt inne und drehte sich um. Taniel und Bo hatten sich hinter einem Stapel Musketen direkt neben der Kutsche versteckt. Vlora kam widerwillig dazu.

»Tut mir leid, dass ich weggelaufen bin«, sagte Taniel. »Aber ich habe Hilfe geholt.«

»Wen?«, fragte Vlora.

Taniel zeigte auf die Straße. »Meinen Papa.«

Es war der Gentleman mit den kalten Augen in der Armeeuniform. Er stand nur ein paar Dutzend Schritte von der Kutsche entfernt, die Füße fest in den Boden gestemmt und die Arme hinter dem Rücken verschränkt. Die Ähnlichkeit zwischen Taniel und diesem Mann war offensichtlich – das dunkle Haar, das ernste Gesicht, der schlanke Körperbau.

»Was wollen Sie, Tamas?«, fragte der Baron. Er stand immer noch neben der Kutsche; seine Hand ruhte auf dem Griff seines Degens.

»Für Sie heißt das immer noch ›Feldmarschall‹, Baron.« Tamas' Lippen zuckten unter seinem schwarzen Schnurrbart. »So gut kennen wir uns nicht.« Seine kalten Augen durchbohrten Fendamere, so als sei ihm der Baron in jeder Hinsicht unterlegen. Es war derselbe Blick, mit dem der Baron Bürgerliche ansah.

»Lassen Sie gut sein, Feldmarschall.« Der Baron spuckte das letzte Wort aus. »Wenn Sie mich brauchen, können Sie mich morgen früh aufsuchen.«

»Ihr Kutscher war gerade dabei, meinen Sohn zu überfahren«, sagte Tamas.

»Er hat meine Kutsche lahmgelegt.« Der Baron zeigte mit dem Finger auf die kaputte Kutsche auf der gegenüberliegenden Straßenseite.

Tamas drehte sich zu der Stelle, wo sich Vlora, Bo und Taniel versteckten. »Taniel«, rief er. »Komm her. Bo, du auch.«

Vlora zögerte und blieb hinter dem Stapel Musketen, während die zwei Jungs auf die Straße zu ihrem Vater gingen. Was sollte sie tun? Taniel hielt auf halbem Weg zu seinem Vater inne und bedeutete Vlora eindringlich, mitzukommen.

Sie stand langsam auf und achtete darauf, dass ihr dreckiges Kleid ihre Knie bedeckte. Mit erhobenem Kinn folgte sie Taniel zu seinem Vater.

Baron Fendamere grinste höhnisch und machte einen Schritt auf sie zu; fast wäre sie weggelaufen.

»Baron!«, bellte Tamas. Der Mann hielt inne. »So.« Tamas schaute zu seinem Sohn. »Entschuldige dich, Taniel.«

Taniel schluckte; er schrumpfte unter dem strengen Blick seines Vaters. »Tut mir leid, Herr Baron.«

Tamas nickte knapp und drehte sich zu Fendamere. »Ich werde für die Kutsche bezahlen. Machen Sie sich jetzt auf den Weg, Baron.«

»Das Mädchen«, Fendamere zeigte auf Vlora, »kommt mit mir.«

»Nein, tut sie nicht.«

»Was?«

»Sie kommt nicht mit.«

»Und wer soll mich davon abhalten?«

Tamas legte eine Hand auf den Griff seines Degens.

»Ich werde nicht zögern, Sie zu töten, Feldmarschall«, sagte Fendamere. »Liebling des Königs hin oder her. Sie mögen zwar der Feldmarschall sein, aber Sie sind immer noch ein Bürgerlicher von niedriger Geburt.«

»Dann fordern Sie mich zum Duell.«

Der Baron schien erstaunt zu sein über die Ruhe, mit der Tamas die Worte ausgesprochen hatte.

»Wenn Sie gewinnen, können Sie alle drei Kinder haben. Hetzen Sie Ihre Hunde auf sie. Tun Sie, was auch immer Sie wollen.«

»Sie glauben, Sie sind gut genug?«, schnaubte Fendamere. »Ihr Ruf eilt Ihnen voraus, Feldmarschall, aber Sie wissen, dass ich besser bin.«

Tamas breitete die Arme aus, als hieße er die Herausforderung des Barons willkommen.

»Ich habe keine Ehre dabei zu gewinnen, wenn ich mich mit Ihnen duelliere«, sagte der Baron langsam, als spüre er eine Falle. »Sie sind ein verdammter Pulvermagier. Ich kenne eure widerliche Sorte. Sie werden Magie benutzen.«

Tamas hob eine Hand. »Das werde ich nicht. Ich schwöre es.«

Der Baron spuckte Tamas vor die Füße. »Wann?«

»Jetzt. Ich habe den ganzen Tag kein einziges Körnchen Pulver gehabt.«

»Adjutanten?«

»Ihr Kutscher für Sie. Mein Sohn für mich.«

»Sie wollen, dass ich Sie vor den Augen Ihres Sohnes abschlachte?«

Tamas legte den Kopf schief. »Taniel«, sagte er, ohne seinen Sohn anzusehen. »Erkläre dem Baron die Regeln des Duells.«

»Degen«, erklärte Taniel, als sei er es gewöhnt. »Auf der Straße. Keine Magie. Einverstanden?«

Der Baron fletschte die Zähne und zupfte an den Fingern seiner Handschuhe, als sei dies die Beleidigung, die ihm den Rest gab. »Einverstanden!« Er wirbelte zu seiner Kutsche, warf seine Handschuhe und seine Jacke hinein, dann zog er seinen Gürtel aus und zückte seinen Degen.

Tamas drehte sich zu Vlora und den beiden Jungs und fing an, seine Jacke aufzuknöpfen. Seine Hände zitterten nicht, wie Vlora das vielleicht erwartet hatte, und sein Schnurrbart bewegte sich, als sein Mundwinkel zuckte. Es lag jetzt noch etwas anderes in seinen kalten Augen, und Vlora dachte ...

Amüsierte ihn das?

Tamas gab Bo seine Jacke und seinen Gürtel, dann überprüfte er seine Pistole und gab sie Taniel.

Tamas winkte Vlora zu und zog seinen Degen, dann wandte er sich wieder zum Baron.

Die beiden Männer umkreisten sich auf den Pflastersteinen, und zum ersten Mal bemerkte Vlora, dass sich eine Menschenmenge versammelt hatte. Überall auf Hrusch Avenue hatten Büchsenmacher ihre Werkstätten und Läden verlassen, um den Kampf zu sehen. Kutscher hatten ihre Pferde angehalten, um den Männern Platz zum Kämpfen zu geben.

Vlora konnte hören, wie die Menschen in der Menge untereinander flüsterten. Tamas' Name wurde mit Ehrfurcht ausgesprochen, während es den Anschein hatte, dass jeder den Baron kannte – laut einem Büchsenmacher, der hinter ihr stand, war seine Fechtkunst legendär.

Der Baron preschte plötzlich nach vorne, und Tamas stemmte sein hinteres Bein in den Boden, streckte seine freie Hand zur Seite, um die Balance zu halten, und erwiderte den Angriff.

Vlora konnte spüren, wie ihr Herz heftig pochte, während die beiden Männer ihren Zweikampf begannen. Sie verstand nichts von Fechten und von Duellen, aber sie dachte, dass Tamas trotz seines Selbstvertrauens bestimmt verlieren würde. Der Baron war größer und stärker, und Tamas schien seine Schwerthiebe nur mit Mühe abwehren zu können.

Sie schaute sich in der Menschenmenge nach dem besten Fluchtweg um. Falls Tamas sterben sollte, würden sie, Taniel und Bo dem Baron vollkommen ausgeliefert sein, und sie hatte keinerlei Absicht, anwesend zu sein, wenn es so weit kommen sollte.

Und was war, wenn Tamas gewinnen sollte? Er hatte versucht, sie Amory abzukaufen. Warum wollte er sie? Ein Feldmarschall war ein wichtiger Mann – das wusste sie. Was konnte er nur geplant haben für jemanden wie sie?

Der Kampf wurde heftiger, die Degen der zwei Männer klirrten aufeinander wie ein Schmiedehammer auf Stahl, und Tamas schien müde zu werden. Er wurde von den Attacken des Barons zurückgetrieben und kniff die Augen zusammen vor Konzentration.

Der Baron wusste, dass er die Oberhand hatte. Ein Lächeln breitete sich auf seinem Gesicht aus, und plötzlich machte er einen Satz nach vorne, den Schwertarm vollkommen ausgestreckt, um Tamas den Todesstoß zu versetzen. Tamas schien plötzlich zusammenzusacken; Vlora spürte den Schrei in ihrer Kehle und wartete darauf, das Blut auf seinem Hemd zu sehen.

Aber Tamas machte einen Schritt an dem Stoß vorbei, so beiläufig wie bei einem Spaziergang, und sein Schwertarm wirbelte.

Sein Schwert blitzte einmal auf. Zweimal.

Er stieß zu.

Der Baron sank auf die Knie und starrte verwirrt auf die saubere Klinge seines Degens. Er legte seine freie Hand an seine Kehle, von wo das Blut herausströmte und sein weißes Hemd besudelte, und dann berührte er den sich ausbreitenden Fleck direkt unter seinem Herzen.

Der Baron gab ein gurgelndes Geräusch von sich und brach auf den Pflastersteinen zusammen.

»Benachrichtigen Sie den König und die Angehörigen des Barons«, sagte Tamas zu Fendameres Kutscher. »Baron Fendamere ist in einem Duell mit Feldmarschall Tamas gefallen. Wenn der König es wünscht, mich über die Umstände zu befragen, stehe ich ihm ganz zur Verfügung.«

Tamas wischte sein Schwert am Hosenbein des Barons ab und wandte sich von dem sterbenden Mann ab, als sei dieser schon in Vergessenheit geraten. Er bedeutete Bo, ihm seinen Gürtel und seine Jacke zu bringen, dann nahm er die Pistole von Taniel.

Die Erschöpfung, die Vlora während des Duells in seinen Augen gesehen hatte, war verflogen.

Er war nicht mal außer Atem.

»Taniel«, sagte Tamas, während er sich seine Stirn mit einem Taschentuch abtupfte, »stell mich deiner Freundin vor.«

Vlora war angespannt und bereit, loszurennen. Taniel nahm ihre Hand und drückte sie, um sie zu beruhigen. »Das ist Vlora«, sagte Taniel. »Vlora, das ist mein Papa, Feldmarschall der adronischen Armee.«

Tamas steckte das Taschentuch zurück in seine Tasche und machte eine kleine Verbeugung vor Vlora.

Aber Vlora starrte Baron Fendamere an. Sein Körper zuckte noch auf den Pflastersteinen, eine Hand auf die Kehle gedrückt. Sie hatte noch nie einen sterbenden Mann gesehen.

Sie wollte sich von Taniel losreißen und wegrennen, aber ihre Füße waren wie an den Pflastersteinen festgenagelt. Sie brauchte jeden Funken ihrer Tapferkeit, um nicht zurückzuscheuen. Er legte ihr einen Finger unters Kinn und hob es an, sodass sie ihm in die Augen schaute.

»Warum wollten Sie mich kaufen?«, fragte sie.

Tamas' Mundwinkel krümmten sich zu einem halben Lächeln. »Bist du deswegen von deinem Internat weggelaufen?«, fragte er.

»Ja.«

Ihr Blick wanderte über Tamas' Schulter hinweg zu dem Baron, der auf den Pflastersteinen verblutete. Fendameres Kutscher war an seiner Seite, aber es war klar, dass er nichts für ihn tun konnte.

»Solcher Abschaum verdient keinen zweiten Blick«, sagte Tamas. Er brachte sie dazu, ihm wieder in die Augen zu sehen. Ihr fiel sofort auf, dass seine Augen nicht mehr so kalt und distanziert wirkten. Sie wirkten sogar freundlich. Trotz ihrer Befürchtungen merkte sie plötzlich, dass sie diesen Mann mochte, genauso wie sie Taniel bei ihrem ersten Treffen gemocht hatte.

»Ich habe alles arrangiert«, sagte Tamas. »Du wirst zusammen mit Taniel und Bo und mir bei uns wohnen. Würde dir das gefallen?«

Vlora würde das sehr gefallen, aber sie war immer noch misstrauisch. »Warum kümmern Sie sich um mich?«

»Weil du ein ganz besonderes Mädchen bist.« Tamas zog die Pistole aus seinem Gürtel, drehte sie um in seiner Hand und hielt sie ihr mit dem Griff nach vorne hin. Er schüttelte die Waffe. »Hier.«

Zögerlich streckte sie die Hand aus und nahm die Pistole.

Der Griff war abgenutzt vom häufigen Gebrauch, die Pfanne voller Pulverflecken, und der Lauf hatte schon längst seinen Glanz verloren.

»Magst du, wie sich das anfühlt?«, fragte Tamas.

Sie nickte. Es fühlte sich ... richtig an. So als sei sie schon immer dazu bestimmt gewesen, so etwas in der Hand zu halten.

»Vlora«, sagte Tamas, »die Pistole gehört dir, mein Mädchen. Du wirst sie brauchen, wenn du eine Pulvermagierin werden willst.«

DIE GRÜNÄUGIGE VIPER

Acht Jahre vor den Ereignissen aus »Blutschwur«

Die Baronin Petara liebte eine gute Party. Sie liebte die Farben, den Wein, die Musik, die schwindelerregende Anzahl der Gesichter und den kitschigen Prunk von vergoldeten Möbeln. Die Säle des Skyline-Palasts wurden an diesem Abend von Hunderten von Kerzenleuchtern erhellt, und der versammelte Adel Adros war anwesend; alle hatten sich in Schale geworfen und herausgeputzt wie eitle Pfauen. Bei einem gesellschaftlichen Ereignis wie diesem liebte Petara es, sich etwas gelangweilt zu geben und der Schar an selbstverliebten Männern dabei zuzusehen, wie sie sich regelrecht überschlugen, um sie zu unterhalten.

Petara liebte es, dass die restlichen Frauen im Raum genau wussten, weshalb sie hier war, aber absolut nichts dagegen tun konnten, selbst wenn sich ihre eigenen Ehemänner ihr galant an den Hals warfen und sie um einen Tanz baten oder ihr ein Getränk anboten.

Einige der Männer genossen ihr gelegentliches Flirten. Einige von ihnen versuchten, ihre Gunst zu erlangen – immerhin war sie eine Cousine des Königs –, und noch mehr von ihnen umschwirrten sie in der Hoffnung, eine Nacht in ihren Armen zu verbringen. Selbst in ihren späten Dreißigern war Petara immer noch eine der schönsten Frauen, egal welchen Raum sie betrat, *und* eine wohlhabende Witwe.

An einem normalen Abend hätte sie mindestens einen der jungen Männer mit nach Hause oder hoch zu einem der Hunderten freien Schlafzimmer im ersten Stock des Palastes genommen. Dieser war allerdings kein normaler Abend. Sie würde nicht als die mitternächtliche Eroberung des Sohnes von irgendeinem dämlichen Herzog enden. Heute war sie selber auf der Pirsch.

Die besten Jäger wussten, wann man warten und die Beute von alleine kommen lassen sollte. Und Petara *war* die Beste.

Sie stieß ein angeregtes Lachen aus als Antwort auf etwas Anstößiges, das ihr der Mann neben ihr ins Ohr geflüstert hatte. »Ich bin mir sicher, dass ich das nicht tun könnte«, sagte sie und warf ihm einen Blick von der Seite zu, der bedeutete, dass sie das sehr wohl tun könnte, oh ja. Wie hieß er noch gleich? Frederik. Wie langweilig. Aber er war der dritte Sohn eines Herzogs mit lukrativen Handelsverträgen, und er hatte ein wundervolles Paar starker Arme. Petara vermischte Geschäft und Vergnügen, wo sie nur konnte.

Sie lehnte sich zu Frederik und flüsterte: »Komm morgen Nacht um elf zu meinem Anwesen in den Rotten.« Ohne eine Antwort abzuwarten, schälte sie sich aus seinen Armen; sie lehnte sich gegen eine Marmorsäule und streckte sich träge auf eine Art und Weise, dass Frederik sich alle möglichen Dinge ausmalen würde. Sie lächelte ihn über die Schulter hinweg an, schnappte sich ein Glas Schaumwein von einem vorbeigehenden Diener und ließ den stickigen Salon und das grobe Dutzend Verehrer zurück, die um ihre Gunst buhlten.

Wenn sie ehrlich zu sich selbst war, war es eine Erleichterung, sie zurückzulassen. Das Gestelze und die Schmeicheleien wurden langsam langweilig. Petara war nicht irgendein einfältiges Schmuckstück, das sich von schmeichlerischen Worten beindrucken ließ, auch wenn sie genau das die meiste Zeit vorgab. Sie ging hinaus in den Saal, nahm einen Schluck von ihrem Wein und machte eine mentale Bestandsaufnahme der Gesichter, die sie nicht kannte. Sie ging schnurstracks zum nächsten Ballsaal, wo sie innehielt, um Freunde und Rivalen zu grüßen, dann ging sie die große Treppe zur Hälfte hinauf und drehte sich um, um den Tänzern zuzuschauen.

Sie ließ den Blick durch den Saal schweifen und blieb kurz an einer dunkelblauen Uniform in einer der Ecken hängen. Nein. Das war nicht der Mann, nach dem sie suchte.

Sie entdeckte eine weitere blaue Uniform und schaute sich das Gesicht des Mannes, der sie trug, mit einem flauen Gefühl in der Magengrube an. Wieder lag sie falsch. Ihre Enttäuschung darüber ärgerte sie. Sie fühlte sich wie ein Mädchen mit Schmetterlingen im Bauch bei seinem ersten Maskenball.

Sie erstickte ihren Ärger mit einem Lächeln, dann ging sie weiter zum nächsten Ballsaal und dann weiter zum nächsten.

Im dritten Saal fand sie den Mann, nach dem sie auf der Jagd war.

Er war kaum zu übersehen: Er war, ganz wie sie selbst, jemand, zu dem geringere Männer und Frauen hinströmten und um seine Aufmerksamkeit buhlten. Er war groß, hatte grau melierte Haare, seine Haut war gebräunt von den Feldzügen in der gurlischen Sonne, und sein Gesicht war vom Wetter und von unzähligen Schlachten gegerbt. Er trug die dunkelblaue Uniform eines adronischen Soldaten mit einem Degen an der Hüfte und den goldenen Epauletten des Feldmarschalls der adronischen Armee.

Jeder im Raum hatte seine eigene Meinung über Feldmarschall Tamas. Einige verehrten ihn. Einige mehr hassten ihn. Mindestens ein halbes Dutzend der Anwesenden schmiedete handfeste Pläne, ihn töten zu lassen. Generell war der Adel der Meinung, dass er ein unerträglicher Emporkömmling war, der den König dazu verleitet hatte, ihm das Kommando über die Armeen der Nation zu übertragen – ein verabscheuungswürdiger Wurm, der sich im königlichen Apfel eingenistet hatte.

Petara machte sich keine Illusionen, was den Feldmarschall anging. Das hatte sie noch nie, nicht seit sie ihn als Mädchen zum ersten Mal bei einer Parade gesehen hatte und er bereits ein Oberst gewesen war. Sie konnte sich immer noch genau an den Moment erinnern: Sie war gerade einmal siebzehn gewesen, ihr Herz hatte in ihrer Brust gehämmert, als er vorbeigeritten war, und ihre Wangen waren rot angelaufen, als er einen Blick in ihre Richtung geworfen hatte. Andere hatten geflüstert, dass dieser Offizier von niederer Geburt unmöglich noch weiter in der Gunst des Königs steigen konnte, aber sie hatte beinahe instinktiv gewusst, dass er eines Tages einer der einflussreichsten Männer des Landes sein würde.

Also hatte sie gewartet. Und als sich vor neun Jahren die Gelegenheit geboten hatte, hatte Petara den Kez bei ihrem Plan geholfen, Tamas' Frau hinzurichten.

Sie spürte, wie sie rot wurde, so als könne der bloße Gedanke daran, während Tamas im selben Raum war, sie verraten. Sie verwarf die Vorstellung auf der Stelle wieder. Tamas war ein brillanter Taktiker und ein geborener Anführer, besaß aber nur geringes Talent für Politik. Er hatte nur sehr wenig Feingefühl für Intrigen. Hinter seiner kalten Fassade steckte ein heißblütiger, sogar ein brutaler Mann, und wenn er auch nur die leiseste Ahnung von ihrer Verstrickung in diese Sache hätte, hätte er sie schon vor Jahren umgebracht. Er wusste nichts – er *konnte* nichts wissen.

Was die Aussicht darauf, ihn ins Bett zu kriegen, so viel aufregender machte.

Mit gespielter Langeweile bezog sie ihren Beobachtungspunkt auf der Treppe und schaute ihm aus dem Augenwinkel dabei zu, wie er durch den Raum ging und Hände schüttelte. Sein Gesicht war eine Maske aus Stahl, die er nur einmal kurz absetzte, um einer jungen Frau zuzulächeln, während er ihr die Hand küsste. Der Vater des Mädchens hinter ihr kam sichtlich ins Schwitzen. Jeder wusste um Tamas' Ruf, was junge Edelfrauen betraf.

Der Feldmarschall ging an dem Mädchen vorbei und ließ seine kalten Augen durch den Saal wandern. Einmal schaute er hoch, und Petara war sich sicher, dass er sie gesehen hatte. Lady Petara, die verwitwete Baronin, wie sie einer Statue gleich alleine dastand in ihrem tief ausgeschnittenen Kleid aus Damast mit einer Perlenkette, die sich an ihr Dekolleté schmiegte. Petara kannte Tamas. Sie war ein viel zu verlockendes Ziel, um von ihm ignoriert zu werden.

Sie dachte zurück an all die Jahre, die seit dem Tod seiner Frau vergangen waren. Petara und Tamas hatten nie miteinander geschlafen, obwohl sie beide ungebunden waren und im Ruf standen, Liebeleien einzugehen. Petara trug höchste Sorge dafür, ihm aus dem Weg zu gehen – natürlich ohne, dass es danach aussah. Sie wollte ihn sich möglichst lange aufsparen. Ihn seine Trauer überwinden lassen. Ihn seine Karriere in der Regierung weiter voranbringen lassen. Ihn älter, einsamer werden lassen.

Der Zeitpunkt war perfekt. Ihre Informanten hatten ihr mitgeteilt, dass er einer zweiten Ehe immer weniger abgeneigt war. Trotz ihres Hasses auf ihn hatten mehrere adelige Familien bereits überlegt, ihre hübschesten Töchter zu opfern für die Chance, sich Tamas' Einfluss zu sichern.

Petara würde heute Nacht mit ihm ins Bett gehen. Sie würde dafür sorgen, dass er diese Nacht nicht vergäße. Und dann würden sie über die nächsten Monate hinweg weitere zufällige Treffen haben. Noch eine Liebelei, dann noch eine. Petara würde ihre Interessen so anpassen, dass sie zu seinen passten, und seine Interessen so beeinflussen, dass sie bis auf die kleinsten Details zu ihren passten. Es könnte Jahre dauern, aber ein Mann von seiner Intelligenz würde zwangsläufig die Vorteile einer Ehe sehen. Sie würde ihm weitere Kinder schenken und ihnen ein Vermächtnis hinterlassen, das jede andere Adelsfamilie vor Neid grün werden lassen würde. Petara musste nur geduldig sein.

Tamas kam jetzt auf sie zu. Er schüttelte den letzten seiner Schleimer ab und ging die Treppe hinauf. Er kam auf ihre Höhe – und ging weiter, und ein Gefühl der Entrüstung kochte in Petara hoch. Er würde einfach an ihr vorbeigehen, ohne sie eines zweiten Blickes zu würdigen!

»Lady Petara.« Die Stimme war knapp und höflich.

Sie tat einen tiefen Atemzug. Selbstverständlich würde er nicht an ihr vorbeigehen. Es gab keinen Mann in diesem Raum, der dazu fähig wäre. Petara schaute ihn über ihre rechte Schulter hinweg an. »Feldmarschall Tamas! Ich hatte Sie gar nicht gesehen.«

Tamas stand mehrere Stufen über ihr und schaute, als hätte er sie gerade erst bemerkt. Wahrscheinlich war er in Gedanken bei irgendeinem Feldzug in Gurla. Er kam zwei Stufen herunter und machte eine kleine Verbeugung. »Guten Abend, Mylady.«

»Guten Abend, Feldmarschall.« Petara schaute zu ihm hoch und klimperte mit ihren langen Wimpern, um ihn in Verlegenheit zu bringen. Sie wusste, was dieser Blick mit Männern machte. »Wie gefällt Ihnen die Party?«

»Sehr unterhaltsam«, sagte Tamas mit ausdrucksloser Stimme. Seine Augen tasteten sich ihren Körper hinab, verweilten bei ihrer Hüfte und schauten dann wieder hoch in ihre Augen. Er befeuchtete seine Lippen mit der Zunge.

Darauf hatte Petara gewartet. *Jetzt hab ich dich*, dachte sie sich. »Etwas eintönig, nicht wahr?«, fragte sie beiläufig und tat so, als würde sie ein Gähnen unterdrücken.

»Ein wenig.«

Ihre Augen wanderten zu dem Glas in seiner Hand. Alkoholfreier Apfelwein. Der Feldmarschall war Abstinenzler. Er hatte seit Jahren nichts mehr getrunken. Das ärgerte sie. Männer, die ein wenig getrunken hatten, waren so viel leichter zu beeinflussen. Aber das würde kein Problem darstellen, versicherte sie sich selbst. Tamas hatte sich noch nie von seiner Nüchternheit davon abhalten lassen, die Gesellschaft schöner Frauen zu genießen. »Das Getanze, der Champagner«, sagte sie. »Das haben wir beide alles bereits gesehen.«

Tamas drehte sich halb zur Seite, um auf den Ballsaal zu blicken. Er wirkte nicht interessiert an den tanzenden Leuten unter ihnen. »Viele Male«, sagte er.

Sie versuchte, in seinen Augen irgendetwas zu finden. Irgendeine Warnung, dass er Bescheid wusste. Nicht, was das Miteinander-Schlafen anging. Er wusste genau, welche Sorte Frau sie war, genauso wie sie wusste, welche Sorte Mann er war. Es war fast schon selbstverständlich, dass sie in den Armen des jeweils anderen enden würden.

Nein, sie suchte nach einem Funken von Hass. Von Abscheu. Irgendetwas, das ihr raten würde, sich von ihm fernzuhalten. Natürlich würde er nichts versuchen. Nicht im Skyline-Palast. Niemand würde hier so dreist sein, wo die königliche Garde immer in Rufweite war.

In Tamas' Augen lag nichts außer stählerner Ruhe. Das war auf seine eigene Art nervenaufreibend, aber es bedeutete, dass sie nichts von ihm zu befürchten hatte.

Petara spürte, wie es ihr kalt die Wirbelsäule herunterlief. Er hatte keine Ahnung davon, dass sie in den Tod seiner Frau verwickelt war! Wie aufregend!

Sie zog die Augenbrauen hoch und wandte sich von ihrer Aussicht auf die Tanzfläche ab, so als sei ihr gerade ein Gedanke gekommen. »Sie wissen, dass ich eine begeisterte Naturliebhaberin bin, nicht wahr?«, fragte sie. Der nächste Akt ihres kleinen Spiels. Es war niemals nur ein einfaches *Möchten Sie gerne mit mir nach oben gehen?* Es musste immer eine Art verbalen Tanz geben, der auf das Unvermeidliche hinauslief. Tamas' kürzliche Rückkehr aus Gurla bot den perfekten Vorwand.

Tamas nahm einen Schluck aus seinem Glas. »Ich habe Gerüchte dieser Art gehört.«

Petara neigte sich etwas näher an Tamas heran und strich mit ihrem Arm über den seinen. »Und ich habe Gerüchte gehört, dass Sie eine Menge beeindruckender Exemplare von Ihrem letzten Feldzug in Gurla mitgebracht haben.«

»Das habe ich.«

»Dann erzählen Sie mir doch, was haben Sie mitgebracht?«

Er warf einen Blick hinunter zu seinem Glas. »Zum einen einige Setzlinge des Baloa-Baums. Nur wenige haben die Reise überlebt. Ein außergewöhnlicher Baum. Er wächst jeden Tag um mehrere Zentimeter. Mit der richtigen Pflege kann er enorme Größen erreichen. Ich fürchte, in unserem Klima werden die Setzlinge alle sterben. Zu kalt.«

»Bäume?«, fragte Petara. Sie täuschte ein Gähnen vor, schenkte ihm aber den Hauch eines Lächelns. »Ist das alles?«

»Natürlich nicht. Da wären noch mehrere eisgekühlte Kadaver, die an der Universität von Adopest seziert werden sollen. Dachse, Ziegen, Großkatzen. Ein halbes Dutzend Nagetiere. Jede Menge interessanter Kuriositäten aus jener Ecke der Welt.« Tamas trank den Rest seines

Apfelweins und schaute Petara dann gänzlich unsubtil in den Ausschnitt.

Sie verlagerte ihr Gewicht, um ihm einen besseren Blick zu geben. »Nichts Lebendiges?«

»Oh doch. Eine recht seltene Schlange. Die grünäugige Viper.«

Petaras Informanten hatten ihr bereits davon berichtet, aber sie täuschte Erstaunen vor. Unter den adronischen Naturforschern – eine beliebte Freizeitbeschäftigung des Adels – galt die grünäugige Viper als das vielleicht seltenste Tier aus Gurla, das in diesen Teil der Welt gebracht wurde. Ein Exemplar war wahrscheinlich zweihunderttausend Krana wert. Sie nahm ihn beim Arm und spielte die vernarrte Exzentrikerin. »Ich muss sie haben!«

Tamas blinzelte sie an. »Müssen Sie? Ich wünschte, ich könnte sie Ihnen geben. Es tut mir so leid.«

»Sie gehört Ihnen nicht?«

»Nun, sie gehört mir schon. Aber sie ist ein Geschenk. Alles, was ich mitgebracht habe, geht direkt an die Universität zu Prime Lektor.«

»Prime Lektor? Der alte Sack?«

Tamas versteifte sich. »Prime ist ein Freund von mir.«

Er war mit dem Vizekanzler der Universität befreundet? Das hatte sie tatsächlich nicht gewusst. Prime Lektor war kaum mehr als ein aufgeblasener Lehrer, aber immerhin hatte er etwas Einfluss. Das könnte ihr noch nützlich werden. »Tut mir leid.« Petara zog eine Schnute. »Das habe ich nicht so gemeint.« Sie schob sich etwas näher heran.

»Nein, nein.« Tamas' Körper entspannte sich. Er stellte sein Glas auf dem Tablett eines Dieners ab und brach seine steinerne Fassade zum ersten Mal mit einem kleinen Lächeln auf. »Er *ist* ein alter Sack. Aber ich meine es ernst, von der Schlange kann ich mich nicht trennen. Prime will sie unbedingt.«

»Ich bin mir sicher, dass die Universität woanders eine herbekommt. Wie viel haben sie Ihnen dafür gezahlt? Ich zahle doppelt so viel!«

»Mylady, es geht hier nicht ums Geld.«

Petara lehnte sich vor. »Worum geht es denn dann?«

»Nun, es ist so ...« Tamas verstummte. Seine Augen huschten wieder zu ihrem Ausschnitt. »In Wirklichkeit geht es einfach um ...« Er hielt inne.

»Ich möchte sie wenigstens einmal anschauen.« Petara musste sich ein Grinsen verkneifen. Zu sehen, wie Feldmarschall Tamas ins Stottern kam – selbst wenn heute Nacht nichts mehr passieren sollte, allein der Gedanke daran würde sie nachts warmhalten. Wie köstlich! Sie fuhr fort. »Sie wissen, wie selten diese Schlange ist. Jeder Naturforscher in Adro würde mich beneiden.«

»Sie ist ein sehr gefährliches Tier«, sagte Tamas, nachdem er seine Zunge wiedergefunden hatte.

»Kommen Sie, ich werde nichts anfassen. Es sei denn, Sie wollen es.« Petara verkniff es sich, die Augen zu verdrehen.

Tamas schaute sich im Saal um, als würde er über ihre Bitte nachdenken. Sie konnte sehen, dass seine Wangen Farbe bekommen hatten. Die dämliche Anspielung hatte ihren gewünschten Effekt erzielt. »Ich schätze, Sie könnten mich morgen Abend besuchen kommen«, sagte Tamas.

Frederik sollte sie morgen Abend zu Hause besuchen. Petara könnte die Verabredung absagen oder ... »Es muss noch heute Abend sein.«

»Es ist bereits recht spät.«

»Lassen Sie das Tier von einem Diener in einer Kiste herbringen. Wir bringen es in eines der freien Zimmer, wo es keinem der anderen Gäste gefährlich werden kann. Tun Sie es für mich.«

Tamas legte den Kopf schief. Seine Augen wanderten nicht mehr, sondern betrachteten sie neugierig, so als wolle er herausfinden, ob sie noch flirtete oder tatsächlich so exzentrisch war. »Sie sind sich absolut sicher?«

»Aber natürlich!«

Sie schickten einen Diener zu Tamas' Haus, holten sich neue Getränke und unterhielten sich leise. Innerhalb von zwanzig Minuten hatte Petara ihren Arm durch Tamas' geschlungen. Er machte keine

Anstalten, sich loszuwinden. Nach vierzig Minuten hatte er endlich seinen dämlichen Hut abgenommen und einem Diener gegeben; er hatte Petara eine Hand auf den Rücken gelegt, und seine Finger strichen ihr ab und zu sanft über den Hintern.

Sie unterhielten sich mit Abgesandten aus Deliv und plauderten mit ein paar von Petaras Händlerfreunden. Tamas hatte sogar eine geschäftliche Unterhaltung mit zweien seiner Generäle, bei der Petara fasziniert zuhörte. Jemand anderes hätte das vielleicht langweilig gefunden, aber nicht sie. Sie hatte Strategie und Logistik im Blut. In ein paar Jahren könnte dies ihr Leben sein, und bei dem bloßen Gedanken wurde ihr schwindelig. Sie und Tamas könnten die Welt erobern, Arm in Arm.

Ein paar Stunden verstrichen, bevor der Diener zurückkehrte. Er hatte eine Holzkiste dabei, die gerade groß genug war für ein Paar Stiefel. Petara konnte die Auswirkungen des Perlweins fühlen, ihr Gang war ein wenig unsicher, und Tamas' Wangen waren gerötet von der Hitze im Ballsaal. Der Diener führte sie nach oben und entlang eines der vielen Korridore in einen kühlen Raum, in dem er die Kerzen und das Feuer entzündete, bevor er sie mit der Kiste allein ließ.

Petara beäugte sie und spürte, wie eine Welle der Aufregung sie durchströmte. Die Schlange an sich kümmerte sie nur wenig. Sicher, sie war eine Sehenswürdigkeit. Jemand mit etwas weniger Gehirnschmalz würde sie vielleicht so spannend finden, wie Petara es vorgab, aber letzten Endes war es nur eine Schlange.

Sie rügte sich selbst für ihre Heuchelei. Tamas war eindeutig an ihr interessiert. Vielleicht hätte sie ihn einfach fragen können, ob er mit ihr nach oben gehen wollte. Es lag nur an ihrer Erziehung zu einer anständigen Edelfrau, die ihr schon in jungen Jahren eingebläut worden war, dass sie den ganzen Zirkus veranstaltete.

Aber jetzt brauchte sie keinen Vorwand mehr. Sie waren allein. Tamas machte einen Schritt in Richtung der Kiste, und Petara fing ihn ab; sie schmiegte sich an ihn und verflocht ihre Finger mit seinen. »Feldmarschall«, sagte sie, »ich hoffe, ich bin nicht zu direkt.«

»Nein«, antwortete Tamas. »Ich denke nicht.«

Petara spürte ein unwillkürliches Schnurren in ihrer Kehle, als er sie näher an sich heranzog. Ihr erster Kuss war lang, innig und nachklingend. Sie hatte schon Dutzende, vielleicht Hunderte von Männern gehabt. Jeder von ihnen hatte seine eigenen Stärken gehabt, war auf seine eigene Art attraktiv gewesen. Sie hatte vor langer Zeit sogar ein paar Privilegierte gehabt, aber noch nie einen Pulvermagier. Sie konnte jetzt schon sagen, dass dies eine unvergessliche Erfahrung werden würde.

Tamas zog sich zurück. Sie folgte ihm mit offenem Mund, aber er nahm ihre Hand in seine und hielt sie hoch zum Licht.

»Diese Finger.« Er senkte seine Lippen zu ihnen und küsste ihre Fingerspitzen einzeln ab.

»Was ist mit ihnen?«, fragte sie.

»Sie haben so viel getan.«

Petara runzelte die Stirn. »Oh?«

»Ich meine es ernst, ich bin beeindruckt.« Er küsste weiter ihre Finger, aber Petara fühlte, wie ihr Verlangen etwas abflaute.

»Ach, sind Sie das?«, fragte sie.

»Sehr.«

Plötzlich spürte sie einen Stich in ihrer Handfläche und riss sich von Tamas weg. »Was war das?«

Tamas zeigte ihr seine Hand. Er hielt eine winzige Knochennadel zwischen seinen Fingern, und sie machte einen Schritt weg von ihm, um ihre Handfläche im Kerzenschein zu betrachten. Der Kratzer blutete minimal. Ihr Herz pochte nicht länger vor Aufregung, und sie wurde von ihrer eigenen Verärgerung überwältigt.

»Warum haben Sie das getan?«, forderte sie.

Tamas holte ein Tonfläschchen aus seiner Tasche und versenkte die Nadel in dem Wachs darin. Seine stählerne Fassade war verschwunden. Sein Gesicht war weich, freundlich. Vielleicht ein wenig müde.

»Es wird nur einen Augenblick dauern«, sagte er. »Na also. Sie sollten es jetzt spüren.«

Petara versuchte, von ihm wegzugehen, aber ihre Füße waren wie festgefroren und ihre Hände versteift. Kein Körperteil hörte auf ihre Befehle, nicht einmal ihre Augenlider.

»Vollkommene Paralyse.« Tamas holte eine Taschenuhr aus seiner Jacke und legte sie auf den Tisch neben der Kiste. »In etwa zwei Minuten sollte der Tod eintreten.«

Petara versuchte, sich zu bewegen, um Hilfe zu rufen. Ihn anzuflehen. Nichts passierte. Sie konnte nicht einmal atmen. Sie spürte den Schweiß, der ihr von der Stirn perlte. Sie wollte ihm sagen, dass die königliche Garde diesen Korridor patrouillierte. Dass was immer er auch plante zum Scheitern verurteilt war. Dass er unmöglich damit durchkommen würde. Tamas nahm eine Pulverladung aus seiner Tasche und wickelte sie langsam auf, wie ein bedächtiges Kind, das eine Süßigkeit auspackt. Er streute sich das Schwarzpulver auf die Zunge, dann steckte er die Verpackung wieder in die Tasche.

Petara blieb weiterhin an Ort und Stelle erstarrt, jedes Glied versteift. Sie konnte nicht mal zu Boden sinken. Sie konnte nichts tun, außer zuzusehen.

Tamas zückte seinen Dolch und öffnete den Verschluss der Kiste. Er holte eine kleinere Kiste heraus, dann öffnete er auch diesen Verschluss und ließ den Deckel aufspringen. Er stach schneller zu, als das Auge es wahrnehmen konnte, und versenkte die Spitze seines Dolches in der Kiste, wo sie mehrere Sekunden verweilte. Petara war wie versteinert. Verzweifelt versuchte sie sich zu entsinnen, wie viel Zeit vergangen war, aber ihre Gedanken waren vernebelt. Wie lange hatte er gesagt? Eine Minute? Zwei? Es musste sich alles um einen Scherz handeln. Er würde sie doch bestimmt nicht umbringen, nicht hier, wo jeder sein Verbrechen sehen konnte.

»Sie hat dich eine Freundin genannt«, sagte Tamas.

Sie?, fragte sich Petara. *Wer?*

Tamas steckte seine Hand in die Kiste und holte den schlaffen Körper einer kleinen Schlange hervor, die nicht länger als sein Unterarm und vom Umfang so dick wie der Daumen eines Mannes war. Es war ein schönes Tier mit einem sich wiederholenden Schuppenmuster, das aussah wie unzählige grüne Augen. Tamas hatte ihm die Spitze seines Dolches durchs Gehirn gebohrt und es so getötet.

Er kam zu ihr herüber und hob ihre Hand hoch, sodass sie sie sehen konnte. »Erika hat viel von dir erzählt«, sagte er. Er hob die Schlange und drückte dem Tier mit seinem Daumen und Zeigefinger gegen den Kiefer. Das kleine Maul öffnete sich und offenbarte zwei Fangzähne. Tamas drückte sie gegen Petaras Handfläche, wo er sie gekratzt hatte. Sie fühlte, wie sich die beiden Nadeln in ihr Fleisch bohrten. »Sie hat gesagt, dass du eine der klügsten Frauen seiest, die sie kannte – clever, vorausschauend, mit eiserner Entschlossenheit. Sie hat dir vertraut und gesagt, dass du uns helfen könntest, eine neue Welt zu schaffen. Sie wurde von den Kez hingerichtet, ohne je von deinem Verrat erfahren zu haben.«

Tamas betrachtete sein Handwerk. Aus Petaras Sicht war auf ihrer Handfläche kein Kratzer mehr zu erkennen. Nur zwei kleine Einstiche. Das Gift auf der Nadel war von derselben Schlange gekommen. Tamas würde allen erzählen, dass sie in ihrem Übereifer die Kiste geöffnet und gegen seine Warnungen versucht hatte, das Tier zu greifen. Die Schlange hatte sie gebissen, und es hatte nichts gegeben, was er dagegen hätte tun können.

»Ich hätte dich gefragt, warum du es getan hast, aber jetzt …« Tamas zuckte mit den Schultern und wedelte vor ihren Augen mit den winzigen Fangzähnen der Schlange.

Weil ich dich für mich haben wollte. Weil sie dich nicht verdient hatte.

Tamas lehnte sich vor. Die müde Freundlichkeit in seinen Augen war verschwunden. Sie waren hart, wütend. Er kam mit seinen Lippen dicht an ihr Ohr. »Ich wette du fragst dich, woher ich es weiß. Nun. Ich weiß eine ganze Menge. Der »Jagdunfall«, bei dem dein Mann umgekommen ist? Lord Lindbergs finanzieller Ruin und angeblicher Selbstmord? Lady Soliat, die ihren Titel aufgegeben hat und in ein Kresim-Kloster eingetreten ist?« Tamas schnaubte. »Deine Morde und Machenschaften sind mir egal. Ich habe genügend Adlige umgebracht und in den Ruin getrieben, um selbst dir die Schamesröte ins Gesicht zu treiben. Was mir nicht egal ist, ist, dass Erika dich eine Freundin genannt hat und du einen Boten zu Herzog Nikslaus geschickt hast, um ihn wissen zu lassen, wo sie war, damit er sie verhaften konnte. Nur darauf kommt es mir an.«

Tamas ließ die leblose Schlange fallen und zerdrückte sie unter seinem Stiefel. Petara spürte seine Finger an ihrer Brust, und sie wurde sanft nach hinten gestoßen, sodass ihr Körper endlich auf das Bett hinter ihr fiel. Ihre Sicht verschwamm, und ihre Augäpfel brannten davon, dass sie nicht blinzeln konnte. Sie spürte einen Schmerz tief in ihrer Brust.

Tamas tauchte über ihr auf. »Es wäre so viel angemessener gewesen, dich zusammen mit all den anderen zu töten. Aber das ist noch Jahre hin, und ich wollte, dass es persönlich ist. Auf Nimmerwiedersehen, Lady Petara.«

Petara versuchte, etwas – irgendetwas – hervorzubringen, aber ihr Körper gehorchte ihr immer noch nicht. Wie konnte diese Nacht nur so schieflaufen? Welchen Fehler hatte sie begangen? Woher hatte er von ihrer Verwicklung gewusst?

Er hatte ihr eine Falle gestellt, und sie war schnurstracks hineingetappt. Zur Grube, sie hatte ihn an der Hand in das Zimmer geführt, in dem er sie umbringen würde.

Diese Demütigung machte ihr immer noch zu schaffen, als die Dunkelheit sie endlich übermannte.

✦

Tamas starrte mehrere Sekunden lang unbewegt auf die Leiche hinunter, bis er sich erinnerte, wie bitter ihr Kuss gewesen war. Er verzog das Gesicht und spuckte in den Kamin, dann wischte er sich Petaras Geschmack von den Lippen und hoffte, dass Erika ihm verzeihen würde.

Er dachte, dass sie das wahrscheinlich tun würde.

Er überprüfte das Tonfläschchen, bevor er es wieder in die Tasche steckte. Wie hätte das nur ausgesehen, wenn er sich selbst versehentlich mit dem Gift gestochen hätte? Er schüttelte den Kopf und gab ein freudloses Glucksen von sich, während er seinen Blick wieder zu der

Leiche wandern ließ. Petara war eine wunderschöne, intelligente Frau gewesen. Sie hätte eine ausgezeichnete Verbündete abgegeben. Vielleicht hätte er sie sogar geheiratet, wenn er nie von ihrer Verstrickung in Erikas Tod erfahren hätte.

Aber Tamas kannte kein Vergessen. Er kannte kein Vergeben.

Er warf einen letzten Blick auf Petaras Leiche, bevor er die Tür öffnete.

»Hilfe!«, rief er. »Hilfe! Es ist ein schrecklicher Unfall passiert!«

DAS GESICHT IM FENSTER

Zwei Jahre vor den Ereignissen aus »Blutschwur«

Taniel ging über den Landungssteg der Handelsgaleone in sein Exil.

Er zupfte am Kragen seines Übermantels und öffnete die Knöpfe, während er zum Ende des Stegs eilte. Er hatte nicht damit gerechnet, dass der fatrastanische Frühling so heiß und schwül sein würde, und er war erpicht darauf, ein kühles Gasthaus zu finden, wo er sich vor der Sonne verstecken und warten konnte.

Nach mehr als einem Monat Schiffsreise auf dem Weg aus Adro und zwei weiteren Wochen Reise entlang der fatrastanischen Küste wäre es Taniel nur recht gewesen, wenn er nie wieder ein Schiff betreten müsste. Die Kabinen waren überfüllt gewesen, und die einzigen Dinge, die ihm Ablenkung verschafft hatten, waren, in sein Skizzenbuch zu zeichnen und auf Möwen zu schießen. Die Aussicht auf die Küste war zwar ganz nett gewesen, aber Taniel war ein Soldat und ein Pulvermagier und nicht der geckenhafte Sohn irgendeines Adligen. Er sah in der Landschaft wenig mehr als nützliche Verteidigungsstellungen.

Das hier war die Neue Welt – ein wilder Ort mit riesigen Bäumen und gewaltigen freien Flächen, auf denen man wochenlang keiner Menschenseele begegnen konnte.

Taniel hätte es vielleicht aufregend gefunden, wenn er nicht so wütend auf seinen Vater dafür gewesen wäre, dass er ihn überhaupt hierhergeschickt hatte. Eine »Reise« hatte Taniels Vater es genannt. Eine Gelegenheit für ihn, zwischen den Semestern an der Universität ein wenig von der Welt zu sehen.

Taniel sah es mehr als eine Art Exil. Ein halbes Jahr würde es dauern, bis er seine Verlobte und sein Heimatland wiedersah. Ein halbes Jahr, bis er seine Freunde wiedersah, Kurse an der Universität schwänzte, um mit Sabon Kugeln schweben zu lassen, oder Nächte mit Vlora verbrachte. Es würden sechs lange Monate werden.

Neu-Adopest, die Stadt, die hinter dem Steg lag, war auf eine Art und Weise geschäftig, die Taniel nicht ganz einordnen konnte. Die Leute sprachen mit gedämpften Stimmen, und Jungs und Männer liefen hin und her. Jeder schien ein Gewehr oder eine Muskete zu haben. Es war seltsam, so viele Waffen in einer Stadt zu sehen. Selbst hier am Rande der Wildnis.

Er hatte ganz Neu-Adopest vom Wasser aus sehen können, die Stadt war nicht besonders groß. Vielleicht fünfzigtausend Seelen. Die Hafenanlage war größer als die Stadt selbst. Überall um ihn herum luden Schiffe Immigranten ab oder wurden mit Rohmaterialien beladen, die zurück in die Neun transportiert werden sollten. Die Stadt war vor über hundert Jahren von adronischen Siedlern gegründet worden, aber dann waren die fatrastanischen Gebiete vor weniger als sechs Monaten an die Kez verkauft worden. Taniel konnte sich vorstellen, dass die Kolonisten nicht besonders glücklich darüber waren.

Er entdeckte eine zehn Meter hohe Bronzestatue von König Ipille von Kez, die den Hafen überblickte. Während er sie anschaute, kletterte ein junger Mann auf den Sockel der Statue und ließ die Hose runter, um Ipille vor die Füße zu pissen. Taniel gluckste bei dem Anblick und wartete darauf, dass die Kez-Gendarmen aus der Menge auftauchten und den Mann verscheuchten.

Niemand tauchte auf.

Vielleicht war heute ein Festtag. Das würde bedeuten, dass die Gendarmen beschäftigt waren, und es würde sicherlich die ganze Aufregung in der Stadt erklären. Sein Vater hatte ihm davon erzählt, dass

Kolonialstädten eine gewisse Dynamik innewohnte, die den großen Städten in den Neun fehlte. Vielleicht war es das.

»Taniel! Taniel!«

Taniel schaute sich einen Moment lang verwirrt um, bevor ihm seine Aufpasserin wieder einfiel. Der Gedanke daran, dass ihm eine Fremde ständig über die Schulter schauen würde, war ihm plötzlich zuwider, und er fragte sich, ob er sie in der Stadt abschütteln könnte.

Er zog seinen Zweispitz ins Gesicht und ging strammen Schrittes auf die nächste Gaststätte zu. Er hatte das Gebäude, dessen dunkler Eingang kühles Bier und Anonymität versprach, schon fast erreicht, als er spürte, wie jemand an seiner Jacke zupfte.

»Taniel? Oh ja, du bist es. Ich erkenne das Gesicht deiner Mutter in dir wieder, mein Lieber.«

Taniel schniefte und versuchte, seine Verärgerung zu unterdrücken. »Dine?«, fragte er die alte Frau an seinem Ellenbogen.

Sie machte eine Bewegung, die halb Verbeugung, halb Knicks war. »Dina, mein Lieber«, sagte sie mit Betonung auf dem »A«. »Du bist der Sohn von Tamas und Erika.« Es war keine Frage gewesen, und Taniel fragte sich, ob er seiner Mutter wirklich so ähnlich sah. Sein Vater hatte das immer behauptet, aber seine eigenen Erinnerungen an sie waren nur sehr vage.

Taniel tippte gegen seinen Hut. »Freut mich, Ma'am.«

Dina sah aus wie um die fünfzig und trug eine Herrenjacke und einen locker sitzenden Rock, der ihr bis zu den Knöcheln reichte. Ihr Adronisch hatte einen leichten Akzent, und Taniel erinnerte sich mit Bedauern daran, dass seine Mutter eine halbe Kez gewesen war und Dina als Cousine seiner Mutter wahrscheinlich zu diesem Teil der Familie gehörte. Dinas Stiefel sahen aus, als hätten sie schon einiges mitgemacht, und sie trug Kresimirs Seil als Anstecker an der Brust.

Eine Priesterin. Na wunderbar.

»Es ist in der Tat eine Freude«, sagte Dina. Sie hielt inne, die Hand auf seine Schulter gelegt, und musterte ihn von oben bis unten. »Ich habe dich das letzte Mal gesehen, als du noch ein Junge warst. Du erinnerst dich wahrscheinlich überhaupt nicht an mich.«

Tat er nicht.

»Schau dich an«, fuhr sie fort. »Du bist jetzt ein Mann.« Ihre Augen wanderten zu dem Steinschlossgewehr, das er über die Schulter geschlungen hatte, und sprach ihre nächsten Worte als ein lautes Flüstern. »Sag mir, nimmst du wie deine Eltern Schwarzpulver zu dir?«

»Ich bin ein Pulvermagier, ja.« Und stolz darauf. Taniel konnte einem Bauern aus einer Meile Entfernung den Hut vom Kopf schießen. Mit etwas Rückenwind und einem vernünftigen Gewehr sogar aus noch größerer Entfernung. Eine geschnupfte Prise Schießpulver ließ ihn im Dunkeln sehen und machte ihn schneller und stärker als gewöhnliche Soldaten.

Dina schien das ein wenig abzuschrecken. »Aha«, sagte sie, bevor sie sich wieder ein Lächeln aufs Gesicht zwang. »Nun, wir wollen nicht zulassen, dass das guter Gesellschaft im Wege steht. Komm, ich bringe dich für heute Nacht nach Hause und verschaffe dir eine gute Mahlzeit. Leider werde ich dich morgen früh direkt wieder auf ein Schiff setzen müssen.«

»Was?«

»Du fährst morgen zurück nach Adro.«

Taniel spürte, wie seine schlechte Laune verflog, und er musste sich bemühen, nicht zu grinsen. Nach Hause? Er würde dieses gottverlassene Land hinter sich lassen können und ...

Dina redete weiter. »Es ist ein Krieg ausgebrochen.« Sie senkte ihre Stimme und lehnte sich näher zu ihm. »Die Kolonie hat sich gegen den König von Kez aufgelehnt und sich zu einem freien Land erklärt. Es sind die wichtigtuerischen Händler und das gemeine Volk, die den ganzen Zirkus mitmachen.« Sie fuhr lauter fort: »Du kannst heute Nacht bei mir und meinem Mann übernachten, aber ich ...«

»Krieg?«, unterbrach Taniel sie. »Mit Kez?«

»Nun, ja.«

Er spürte, wie sein Auge zuckte, und jeder Gedanke an zu Hause war in weite Ferne gerückt.

»Wo kann ich mich einschreiben?«

Taniel musste einer Vogelscheuche aus achthundert Metern Entfernung die Knöpfe abschießen, um einen Major der Kolonisten davon zu überzeugen, dass er tatsächlich ein ausgebildeter Pulvermagier war. Es ärgerte ihn, dass der Mann bei der Erwähnung von Taniels Vater hellhörig wurde, aber Taniel schluckte seinen Stolz hinunter, und drei Wochen später war er ein Captain in der fatrastanischen Miliz und wurde einer Kompanie zugeteilt, die auf dem Weg in die Sumpfgebiete war.

Er fragte sich, ob sein Vater wohl beunruhigt darüber wäre, dass sich Taniel in einen fremden Konflikt einmischte, oder stolz darauf, dass er Initiative ergriffen hatte.

Taniel hoffte, dass Ersteres der Fall war.

Er lief neben der Marschordnung der fast zweihundert Mitglieder seiner neuen Kompanie mit. Er hatte sein Gewehr geschultert und sich den Tornister an den Gürtel gebunden und war der Einzige, der irgendeine Art von Marschrhythmus beibehielt. Der Rest seiner Kameraden trottete oder schlurfte im eigenen Tempo dahin, sodass sich die Kolonne fast eine halbe Meile lang über die gewundene Straße erstreckte.

Er warf einen Blick nach hinten. Die hohen Bäume – Eichen, Ahornbäume und Eschen – trugen bereits ihr frühsommerliches Grün und sorgten für geringe Sichtbarkeit.

Gerüchten zufolge patrouillierte die Kez-Armee diese Straßen. Wenn aus der Biegung in der Straße hinter ihnen fünfzig Kavalleristen auftauchten, würde die gesamte Kompanie niedergeritten werden, bevor sie sich in Sicherheit bringen könnte.

Schlampiges Soldatenhandwerk.

Allerdings handelte es sich bei diesen Männern auch nicht um Soldaten. Sie waren Bauern und Landstreicher, die für Geld oder Land kämpften, damit die sogenannte Fatrastanische Koalition ihre Unabhängigkeit von Kez erlangen konnte.

»Riechst du das?«, fragte Dina.

Taniel warf ihr einen Blick von der Seite zu. Obwohl ihr der Schweiß von der Stirn perlte, marschierte Dina mit leichten Schritten vor sich hin wie bei einem Nachmittagsspaziergang. Die alte Priesterin sah nicht danach aus, aber sie hatte bei diesem Marsch weniger Ruhepausen benötigt als jeder der Milizionäre.

Taniel war beeindruckt und mehr als nur ein wenig verärgert gewesen, dass sie mit ihm mitgekommen war, als er der fatrastanischen Miliz beigetreten war. Sie hatte darauf bestanden, dass die Männer geistlichen Beistand brauchten, und Major Bertreau hatte ihr zugestimmt.

Sie habe versprochen, auf Taniel aufzupassen, hatte sie gesagt. Sie wolle seinen Vater nicht enttäuschen.

Kresimir bewahre, dass irgendjemand seinen Vater enttäuschte.

»Was in Kresimirs Namen ist das für ein Geruch?«, fragte ein Milizionär. Ein paar andere murmelten dieselbe Frage, und Taniel hielt seine Nase in den Wind. Nichts als Straßenstaub und ungewaschene Kolonisten. Was könnte es sein ...

Da. Der Geruch traf ihn, als sei er von einem Karren voller Kuhscheiße überfahren worden. Es war ein schwerer, erdiger Geruch nach feuchtem Laub und Dung, der den ganzen Winter über gereift und dann plötzlich gestört worden war.

»Das ist der Sumpf«, sagte Dina, während sie auf einem Stück Schilf kaute, das sie vom Straßenrand gepflückt hatte. »Das sogenannte Tristanmoor. Über fünfzehntausend Quadratkilometer bewaldetes Sumpfland. Der Geruch wird schlimmer, je weiter man geht.« Sie warf ihm einen Blick zu, so als ob diese Information ihn davon abhalten würde, weiterzugehen.

»Was weißt du über den Sumpf?«, fragte Taniel.

»Mein Mann und ich haben hier einige Predigten gehalten, als wir jünger waren. Damals, musst du wissen ...«

»Aha. Ich erstatte dem Major mal besser Meldung.« Taniel machte sich im Laufschritt auf den Weg zum vorderen Teil der Kolonne, bevor Dina wieder anfing, eine ihrer langatmigen Geschichten zu erzählen.

Major Bertreau saß auf ihrem Streitross an der Stelle, wo die Straße aus den Bäumen hervortrat und den Hügel überquerte, den sie bis jetzt hochmarschiert waren. Ihr Gesicht war unbewegt, aber ihre ruhelosen Augen verrieten ihre Nervosität, und sie fuhr sich sanft mit den Fingern über die breite, vernarbte Strieme an ihrem Hals. Die Narbe, über die niemand von den Männern wagte, zu sprechen.

Sie kam ursprünglich aus Kez, aber aus einer der Städte in den Bergen, die so nah an der Grenze lagen, dass sie genauso gut adronisch hätten sein können. Wie viele der Soldaten, die sich für diesen Krieg gemeldet hatten, behauptete sie jetzt, durch und durch fatrastanisch zu sein.

Und wie bei jedem Staatsbürger von Kez, der sich der Sache der rebellierenden Kolonisten angeschlossen hatte, war ein Kopfgeld auf sie ausgesetzt.

Bertreau zog ihren Kragen hoch, um die Narbe an ihrem Hals zu verbergen, und grüßte Taniel mit einem Nicken. »Captain.«

»Major«, sagte Taniel.

»Sieht aus, als seien wir da.«

Der Hang unter ihnen ging nach und nach in einen dichten Bestand von Zypressen über, die aus einem flachen, sumpfigen See herauswuchsen. Von ihrem Aussichtspunkt sah es so aus, als würde der Wald sich unendlich weit erstrecken, und Taniel dämmerte schnell, warum das Tristanmoor der perfekte Ort für ihre Überfälle war: Es war riesig.

Nichts und niemand würde ihnen in diesen Sumpf folgen.

»Hinter den Zypressen liegen Meilen über Meilen an Sauergras«, sagte Bertreau. »Die Gräser sind höher als ein Haus und so dick, dass man sich nicht mit dem Schwert durchhacken kann.«

Bertreaus Finger wanderten langsam zurück zu ihrem Hals. Sie war eine gut aussehende Frau mit ihrem goldenen Haar, das über einer Schulter zum Zopf gebunden war, und ihren hübschen, runden Wangen. Taniel hatte ihre flüchtigen Blicke bemerkt und vermutet, dass Bertreau ihm inzwischen Avancen gemacht hätte, wenn er nicht seine Verlobte erwähnt hätte, die in Adro auf ihn wartete.

»Ich hoffe, die Wilden halten ihr Wort.« Bertreaus Lippen zuckten leicht, als sie von den »Wilden« sprach. »Wenn wir in diesen Sumpf gehen und sie nicht da sind, um uns zu führen, werden wir bis morgen Nacht alle als Drachenfutter enden.«

»Drachen?«, fragte Taniel.

»Sumpfdrachen«, sagte Bertreau. »Große Echsen. Länger als ein Pferd. Mit Kiefern, die einen Mann entzweibeißen können.«

Taniel fummelte an der Bajonetthülle an seiner Hüfte herum. Niemand hatte irgendetwas von riesigen Echsen gesagt. Von Schlangen, ja. Der Gedanke daran gefiel ihm auch nicht, aber in einer Pulvertrance war er schneller als eine zuschnappende Schlange.

Aber war er stärker als einer dieser Sumpfdrachen?

Taniel holte eine Tabakdose aus seiner Gürteltasche und streute sich eine Linie Schwarzpulver auf die Rückhand. Er schnupfte alles auf einmal und fühlte, wie sich die Welt unter seinen Füßen krümmte und drehte. Er spreizte seine Beine, um die Balance zu halten, und einen Moment später sah er die Welt mit einem klareren Fokus als zuvor.

Die Pulvertrance breitete sich in seinem gesamten Körper aus, und er schaute wieder zu dem Tristanmoor hinab. Er konnte in einer Meile Entfernung eine große Boa sehen, die sich im Wipfel einer Zypresse sonnte und deren schwarze, gegabelte Zunge rein und raus flitzte.

»Irgendwelche Nachrichten von den Wilden im Moor, Sir?«, fragte Taniel. »Oder von unseren Vorreitern?«

Bertreau schaute zurück zu der Straße, über die sie gekommen waren. »Sollten inzwischen zurück sein.«

Taniel trat näher an Bertreaus Pferd heran. »Wir müssen die Kolonne enger formieren«, sagte er. »Wenn die Kez uns in diesem Zustand einholen, werden wir keine Gelegenheit bekommen, von Sumpfdrachen gefressen zu werden.«

Bertreau schnaubte. »Ich weiß, wie ich eine Kompanie von Soldaten zu führen habe, Captain.« Ihre Stimme war plötzlich eisig. »Und trotz Ihrer Talente und des Rufs Ihres Vaters kann ich mich nicht erinnern, dass Sie sich schon mal die Hände schmutzig gemacht hätten.«

»Bitte um Verzeihung, Major.« Taniel zwang sich, nichts zu erwidern. Er war nicht hier, um sich mit fatrastanischen Offizieren anzulegen. Er war hier, um Kez-Soldaten und, wenn Kresimir gnädig war, einen Kez-Privilegierten zu töten.

Bertreau schaute zu der Straße, die sich den Hügel hinunterschlängelte und in den Morast führte. »Unser Ziel sollte direkt dort unten liegen«, sagte sie. Sie hob die Hand und rief nach einem Mann in der Nähe. »Sergeant, bringen Sie die Männer in enger Formation zu dieser Hügelspitze. Wir ruhen uns kurz aus, und dann will ich, dass wir wachsam nach Gladeside marschieren. Die Stadt sollte uns gehören, aber man weiß nie, wo uns eine Kez-Patrouille über den Weg läuft. Wir werden die Stadt besetzen und darauf warten, dass die Wilden aus dem Moor uns kontaktieren. Sorgen Sie dafür ...«

Sie hielt inne, als hinter ihnen Hufe zu hören waren, die im vollen Galopp die Straße heraufkamen.

Taniel konnte deutlich sehen, wie der kleine Wallach sich seinen Weg durch die Soldaten bahnte, die überall auf der Straße verteilt waren. Taniel fragte sich, warum sie sich überhaupt die Mühe machten, es eine »Nachhut« zu nennen.

Der Reiter, ein junger Mann mit schmalem Gesicht, zügelte sein Pferd, als er bei Major Bertreau ankam. Er war sichtlich erschöpft von dem langen Ritt. »Fünf Kompanien zu Fuß, Major«, sagte der Vorreiter, nachdem er wieder zu Atem gekommen war. »Kez-Farben.«

»Natürlich sind es Kez«, bellte Bertreau. »Wir haben keine fünf Kompanien in dieser Gegend des Landes. Wie weit sind sie entfernt?«

»Sie werden morgen Nachmittag hier sein.«

Bertreau schaute hoch zur Sonne. Sie hatte ihren Zenit längst überschritten und näherte sich dem westlichen Horizont.

Taniel bemerkte, dass der Vorreiter nervös in seinem Sattel herumrutschte. »Was noch, Soldat?«

»Nun ...« Er warf einen Blick auf Taniels Gewehr und das silberne Pulverfass, das an seiner Brust angepinnt war. »Es gibt da ein Problem ...«

Taniel spürte, wie sich sein Magen zusammenzog. »Ein Privilegierter?«

Der Mann nickte.

»Nun«, sagte Taniel und zwang sich ein Lächeln auf die Lippen, »dafür bin ich ja hier. Ich werde ihm aus über einer Meile Entfernung eine Kugel durchs Auge jagen.«

Taniel hatte einen sauren Geschmack im Mund, als er sich daran erinnerte, dass er sich noch vor ein paar Minuten nach einem Privilegierten gesehnt hatte. Nach Privilegierten sehnte man sich nicht. Schon einem einzelnen Privilegierten stand mächtige Elementarmagie zur Verfügung, was ihn gefährlicher machte als zehn Kompanien an Kez-Soldaten. Privilegierte konnten mit derselben Leichtigkeit Feuer und Blitze auf seine Kompanie herabregnen lassen, mit der Taniel eine Kugel schweben ließ.

»Ich will nicht, dass er uns so nahe kommt«, sagte Bertreau. »Sergeant, wir marschieren mit doppelter Geschwindigkeit nach Gladeside. Wir werden heute Nacht dort lagern und bei Tagesanbruch in den Sumpf aufbrechen. Egal ob unsere wilden Führer da sind oder nicht.«

Taniel schaute zurück in die Richtung, aus der sie gekommen waren, und musste sich in Erinnerung rufen, dass in nächster Zeit keine Dragoner-Kompanie diese Straße entlangkommen würde. Sie waren in Sicherheit.

Vorerst.

Wenn ihr wilder Führer in Gladeside auf sie wartete, würden sie morgen Nacht bereits tief im Sumpf sein, und innerhalb einer Woche würden sie die Städte der Kez entlang des gesamten Tristanmoors überfallen.

Und falls der Privilegierte sie auf offenem Feld erwischte, würden sie alle tot sein, bevor sie ihre Musketen laden konnten.

✦

Taniel saß auf einer Bank in der Ecke des großen Raumes des Gemeinschaftshauses und wippte mit dem Fuß im Rhythmus des Kneipenlieds, das die anderen Soldaten sangen. Die Kerzen und die Feuerstelle sorgten für schummriges Licht in dem Raum, der nach Bier und nassem Hund roch, und der Gesang wurde hin und wieder übertönt von einem besonders starken Schauer schwerer Regentropfen, die auf das Dach über ihnen einhämmerten.

Er verpasste der Skizze von Bertreau, an der er gearbeitet hatte, den letzten Schliff, indem er sanft mit einem Stückchen Kohle darüber rieb, um die Seilnarbe an ihrem Hals zu schattieren.

Nach drei Wochen, in denen er immer wieder heimliche Blicke auf sie geworfen hatte, als sie nicht hingeschaut hatte, war er sich sicher: Irgendwann, wahrscheinlich war es nicht mehr als einige Monate her, hatte jemand versucht, Bertreau zu erhängen. Das Seil hatte ihr nicht das Genick gebrochen, und sie hatten sie wieder runtergeholt.

Er fragte sich, *wieso* sie sie wieder runtergeholt hatten.

Sie saß auf der anderen Seite des Gemeinschaftsraumes, nippte an einem Becher des lokalen Bieres und nickte mit dem Lied mit, hielt aber ansonsten Abstand von ihren Männern. Das bisschen Schwarzpulver, das Taniel noch in seinem Blutkreislauf hatte, verlieh ihm eine Pulvertrance, die gerade stark genug war, um die Feinheiten ihres Gesichts klar zu erkennen.

Ein untersetzter, breitschultriger Schrank von einem Mann schob sich auf die Bank gegenüber von Taniel und stocherte mit einem seiner Wurstfinger in seinem Ohr herum. Sergeant Mapel hatte Taniel erzählt, dass seine Eltern ursprünglich aus Brudania stammten, seine Mutter aber eine dunkelhäutige Deliv war, was sich in seinem Teint niederschlug.

Er grinste, sodass die Grübchen in seinen schwarzen Wangen zum Vorschein kamen. »Wenn die Frau Major Sie dabei erwischt, wie Sie sie zeichnen ...«

»Das wird sie nicht«, sagte Taniel und schaute gerade lang genug von seinem verbeulten, in Leder gebundenen Skizzenbuch hoch, um Mapel einen herablassenden Blick zuzuwerfen. »Irgendwelche Neuigkeiten von den Wilden?«

Ein besorgter Ausdruck huschte über Mapels Gesicht. Ihre Kontaktperson von den Wilden hätte jetzt hier sein und sich darauf vorbereiten sollen, sie am Morgen in den Sumpf zu führen. Im Austausch für Hrusch-Gewehre, Munition und Pulver sollten die Wilden der Kompanie beistehen und ihnen helfen, die von den Kez besetzten Städte entlang des Tristanmoors zu überfallen.

Es würde Gutes verheißen für den Krieg, wenn die Wilden vor den Kez auftauchten.

»Wir haben allerdings Neuigkeiten von der Küste«, sagte Mapel.

»Und?«

»Die Kez haben Klein-Starland bis auf die Grundmauern niedergebrannt.«

Taniels Hand glitt von seinem Skizzenbuch herunter. Er war vor weniger als zwei Monaten nach Klein-Starland gesegelt. Es war seine erste Station in diesem neuen Land gewesen – eine Handelsstadt mit etwa achtzigtausend Einwohnern, und jeden Tag kamen neue dazu. Klein-Starland hatte die Universität in Fatrasta finanziert. Eine Universität, die gar nicht so verschieden war von derjenigen, die Taniel in Adro besuchte.

»Bis auf die Grundmauern?«, hörte Taniel sich wiederholen.

»Es ist nichts mehr übrig.«

Taniel spürte, wie die Wut in seiner Brust aufloderte. Seine Finger sehnten sich danach, den Abzug seines Gewehres zu betätigen, mit einem Kez-Privilegierten im Visier. Der Wut folgten ein plötzliches Gefühl der Angst und eine leise Stimme, die fragte: *Was, wenn ich danebenschieße?*

»Die Kez«, sagte Mapel, »gewinnen Kriege durch schiere Übermacht und Brutalität. Sie nutzen Angst, um ...«

»Ich weiß alles über die Kez«, blaffte Taniel. Er klappte sein Skizzenbuch zu und verstaute es in seiner Tasche aus Robbenfell. Er hatte Angst, es in einem Wutanfall zu zerreißen. »Ich weiß, dass die Kez ein rachsüchtiges, grausames Volk sind, die alles in ihrer Sichtweite unterwerfen wollen.« Er verstummte; seine Hand ruhte auf dem Griff der Pistole, die in seinem Gürtel steckte. Er hatte sie in Klein-Starland gekauft.

»Taniel«, sagte eine sanfte Stimme.

»Was!« Das Wort kam viel lauter aus seinem Mund, als er beabsichtigt hatte, als Taniel zu Dina herumwirbelte. Er nahm einen tiefen Atemzug. »Was?«, fragte er wieder, diesmal leiser. Trotzdem schaffte er es nicht, die Ungeduld aus seiner Stimme zu verbannen.

»Kein gutes Timing, Priesterin«, sagte Mapel zu Dina. »Ich habe den Captain hier gerade auf die Palme gebracht.« Mapel hatte seine Bank zurückgeschoben und wirkte bereit, sich aus dem Staub zu machen. »Sieht so aus, als ob er die Kez ganz besonders hasst.«

Taniel warf Dina einen warnenden Blick zu. *Kein verdammtes Wort über …*

»Die Kez haben seine Mutter hingerichtet.« Dina ließ sich neben Taniel auf die Bank fallen.

Mapel formte ein stummes »Oh« mit dem Mund.

»Dazu hast du kein Recht.«

Dina erwiderte seine Wut mit einem herausfordernden Blick von der Seite. »Sie war meine Cousine. Ich habe alles Recht der Welt.«

»Und deswegen rächst du ihren Tod, indem du jede Nacht versuchst, mich zum Umkehren zu bewegen? Mich dazu zu bringen, nach Adro zurückzusegeln, wo ich meinem Vater in die Augen schauen und ihm sagen muss, dass ich die Gelegenheit hatte, Kez zu töten, und sie nicht genutzt habe?« Taniel wusste, dass er sie nicht anbrüllen sollte. Sie versuchte nur, das zu tun, was sie für richtig hielt. Außerdem war sie beinahe alt genug, um seine Großmutter zu sein.

Dina zögerte, und Taniel wusste, dass es genau das war, weshalb sie zu ihm herübergekommen war.

»Ich bin eine Priesterin, keine Kriegerin. Krieg ist ein Wahnsinn für junge Männer, ich habe Kinder, und meine Kinder haben Kinder. Ich bin gerade nur hier, weil dein Vater mich gebeten hat, auf dich aufzupassen, und ich bin eine Frau, die zu ihrem Wort steht.«

»Willst du deine Kinder nicht vor den Kez beschützen?« Taniel warf einen Blick in Mapels Richtung, um dessen Zustimmung zu erheischen, nur um festzustellen, dass sich der Sergeant davongeschlichen hatte. Er verfluchte den Mann still.

Dina zog eine Augenbraue hoch. »Ich *bin* eine Kez«, sagte sie.

»Aber du bist …«

»Bei dir? Hier und jetzt? Ich weiß. Wie ich dir gesagt habe, ich bin eine Frau, die zu ihrem Wort steht.«

Taniel blinzelte verwirrt. »Aber die Kez werden dich hinrichten, wenn sie dich mit den …« Taniel verstummte. Ihm dämmerte plötzlich, welches Risiko sie eingegangen war, als sie mit ihm hierhergekommen war. Während sie die ganze Zeit gehofft hatte, ihn davon überzeugen zu können, dem Krieg den Rücken zu kehren.

»Wenn die Kez mich bei dem Versuch erwischen, aus dem Land zu fliehen, werden sie mich auf der Stelle hinrichten«, sagte Taniel. »Du weißt, was sie von Pulvermagiern halten.« Er weigerte sich, Dina mit dem Rest der Kez über einen Kamm zu scheren. Immerhin gehörte sie zur Familie.

»Meinst du, sie würden es riskieren, den Zorn deines Vaters ein zweites Mal auf sich zu ziehen?«

Dina hatte keine Ahnung, wie wenig Taniels Vater sich um ihn kümmerte. »Ich denke, sie würden sich über die Gelegenheit freuen, ihn in die Knie zu zwingen.«

»Ich habe einen Freund, der jahrelang Tabak geschmuggelt hat, um die Zölle der Kez zu umgehen. Er könnte dich wohlbehalten nach Adro zurückbringen.«

»Ich …« Taniel verstummte.

Er würde sich seine erste Gelegenheit, Kez-Blut zu vergießen, nicht nehmen lassen. Er hatte sich geschworen, nicht nach Adro zurückzukehren, ohne mindestens zwölf Kerben an seinem Gewehr zu haben. Er würde nicht zulassen, dass es ihm Gewissensbisse bereitete, falls Dina sich von den Kez töten ließ.

»Ich geh raus«, sagte Taniel.

Er schnappte sich sein Gewehr und seinen Rucksack und ging hinaus auf die Veranda des Gemeinschaftshauses. Der Regen hatte es geschafft, die Luft von dem Mief des Sumpfes zu reinigen. Ein halbes Dutzend Milizionäre saß unter dem Vordach, rauchte Pfeifen oder Zigaretten und starrte mürrisch hinaus in den Wolkenbruch. Sie alle wussten, dass sie am Morgen in den Sumpf marschieren würden, und keinem von ihnen gefiel diese Vorstellung.

Nur eine Person machte sich die Mühe, Taniel zu salutieren.

Verdammt schlampige Disziplin.

Ein paar Momente lang starrte Taniel hinaus in die Nacht. Der Regen schaffte es, fast alles zu verschleiern, was nicht schon durch die Dunkelheit verborgen wurde, und es war nichts zu sehen außer den groben Konturen der Gebäude, in denen die meisten Laternen für die Nacht gelöscht worden waren.

Ihm fiel ein Schatten in der Mitte der Straße ins Auge. Er runzelte die Stirn und konzentrierte sich auf diesen Schatten. War es vielleicht eine Person? Warum sollte eine Person dort im Regen stehen?

Taniel behielt den Schatten im Auge; er hatte Angst, dass er verschwinden würde, wenn er wegschaute, und streute sich eine Linie Schwarzpulver auf den Handrücken.

Er schnupfte sie.

Die Konturen der Gebäude zeichneten sich plötzlich scharf ab, als ihn die Pulvertrance überkam, der Regen wurde heller, so als hätte jemand eine Laterne darauf gerichtet, und aus dem Schatten wurde ein Mädchen.

Sie konnte nicht älter als vierzehn sein. Ihr schulterlanges Haar war vollkommen durchnässt, und sie hatte einen Beutel über eine Schulter geschlungen. Ihre Haut war blass und übersät von kleinen, grauen Sommersprossen, die aussahen wie winzige Ascheflocken, und Taniel vermutete, dass ihr Haar im Tageslicht rot wäre.

Ein wildes Mädchen, nichts weiter.

Aber wieso schlug sein Herz dann so schnell? Ein tiefer Instinkt, tiefer als all seine Sinne, ließ bei ihm alle Alarmglocken schrillen, und ohne es zu merken, stellte er sich darauf ein, wegzurennen.

Aus der Entfernung und durch den Regen schaute ihm das Mädchen in die Augen. Taniel fing an, sein Gewehr zu heben, unsicher, was er damit anfangen sollte. Wollte er ein kleines wildes Mädchen erschießen? Er tötete keine Kinder, und er würde damit sicherlich dafür sorgen, dass ihre Führer sich gegen sie wandten, was diese gesamte Mission zum Scheitern verurteilen würde.

Taniel machte sich bereit und öffnete sein drittes Auge, um ins Els zu blicken und zu sehen, wo Magie die Welt berührte. Plötzlich drehte sich alles, und die Dunkelheit erhellte sich, um einer Vielzahl von Pastellfarben Platz zu machen, die die Anwesenheit von Magie in der Nähe verrieten.

Das Mädchen leuchtete trüb.

Sie war eine Magierin.

Er hatte von den wilden Magiern gehört. Knochenaugen wurden sie genannt. Niemand wusste viel über Knochenaugen, abgesehen davon, dass ihre Magie sich von der Elementarmagie von Privilegierten und der Schießpulvertrance von Pulvermagiern unterschied.

Was machte sie hier draußen im Regen?

Taniel drehte sich, um einen der rauchenden Männer unter dem Vordach zu fragen, ob er das Mädchen sehen konnte, als er etwas aus dem Augenwinkel bemerkte.

Auf halber Höhe der Straße am Hang über der Stadt sah Taniel ein starkes, farbiges Leuchten im Els.

»Privilegierter!«, schrie Taniel und sprang auf die matschige Straße, als ein Blitz durch die Luft schoss und im Gemeinschaftshaus hinter ihm einschlug.

✦

Taniel klingelten die Ohren von der Explosion, und er mühte sich wieder auf die Füße. Der Großteil des Gemeinschaftshauses lag in Trümmern auf der Straße verteilt, die nicht mehr als dreißig Zentimeter lang waren. Der Rest stand in Flammen, und Taniel konnte die Schreie der Sterbenden und Verwundeten hören.

Er half jemandem wieder auf die Füße – einem der Milizionäre, die auf der Veranda geraucht hatten – und mühte sich, seine Bajonetthülle zu öffnen. Wenn ein Privilegierter hier war, konnten Kez-Soldaten nicht weit sein.

Er versuchte angestrengt, den grellen Lichtblitz wegzublinzeln und seine Augen wieder an die Dunkelheit zu gewöhnen. Ein paar Momente später sah er, wie die Kez-Soldaten die Straße herunter in die Stadt stürmten. Sie trugen Regenumhänge aus Leinen über ihren hellbraunen Uniformen und hatten ihre Bajonette aufgepflanzt.

Die fatrastanische Miliz war zahlenmäßig hoffnungslos unterlegen. Selbst ohne den Kez-Privilegierten würde die gesamte Kompanie innerhalb von Minuten niedergemetzelt werden.

»Hinein in den Sumpf!«, sagte Taniel.

»Sind Sie verrückt?«, fragte ein Milizionär.

»Das ist unsere einzige Chance, verdammt noch mal. Zu den Zypressen!«

Taniel rannte in die rauchenden Ruinen des Gemeinschaftshauses. Die Überlebenden rappelten sich mit ihren Waffen in der Hand auf. Taniel konnte Major Bertreau in dem Chaos nicht finden, aber packte Sergeant Mapel an der Schulter.

»Zum Sumpf.« Taniel zeigte in die entgegengesetzte Richtung von den anstürmenden Kez-Soldaten.

Mapel nickte und bellte den Befehl zum Rückzug.

»Dina«, rief Taniel. »Dina, verdammt noch mal!« Er trat eine Bank aus dem Weg und suchte zwischen den verkohlten Leichen, die die größte Wucht der Magie abbekommen hatten.

»Hier.«

Die alte Priesterin war bereits auf den Beinen und bedeutete anderen, Sergeant Mapel zu folgen. Taniel unterdrückte einen erleichterten Seufzer. Er wollte nicht den Tod einer Verwandten auf dem Gewissen haben, selbst wenn sie eine Kez war. »Hast du Bertreau gesehen?«

»Vorne vor dem Gebäude«, sagte Dina.

Taniel rannte zurück zur Straße und fand dort Major Bertreau, wie sie eine Linie von gut zwanzig Mann organisierte, um sich dem Ansturm der Kez entgegenzustellen.

»Wir müssen sie zwischen den Bäumen abschütteln«, rief Taniel ihr zu.

Bertreau zog ihren Degen. »Das hier ist die Nachhut. Verschwinden Sie mit dem Rest!«

»Das ist Selbstmord!« Taniels Worte wurden von einem Blitz, der in einem nahe gelegenen Gebäude einschlug, und dem darauffolgenden Donnergrollen verschluckt. Er meinte, im Licht des Blitzes dasselbe wilde Mädchen mit dem Rücken zum Sumpf stehen zu sehen.

Dann fielen die Kez über sie her.

Taniel parierte einen Bajonetthieb mit dem Schaft seines Gewehrs und verfluchte sich dafür, sein eigenes Bajonett nicht aufgepflanzt zu haben, als er die Gelegenheit dazu gehabt hatte. Sein Herz hämmerte in seinen Ohren, als er sein Gewehr herumdrehte, wie es ihm beigebracht worden war, um es am Lauf zu fassen und dem Kez-Soldaten mit dem Schaft ins Gesicht zu schlagen.

Stahl schlug auf Stahl, und die Luft war von Schreien erfüllt. Taniel zog seine Pistole aus dem Gürtel; seine Pulvermagier-Sinne verrieten ihm, dass das Pulver noch trocken war, und er feuerte auf einen Infanteristen.

Plötzlich drehte sich Major Bertreau und stach mit ihrem Degen zu. Taniel wurde zu Boden geworfen vom Gewicht des Kez-Soldaten, dessen Herz Bertreaus Klinge durchbohrt hatte.

Er warf den Mann von sich, und ohne sich die Zeit zu nehmen, Bertreau zu danken, holte er flink sein Bajonett aus der Hülle, schob es über die Mündung seines Gewehres und drehte am Ring, bis er spürte, dass es richtig saß. Er verlagerte sein Gewicht auf sein hinteres Bein und machte sich bereit, dann wich er dem Stoß eines Infanteristen aus und rammte dem Mann sein Bajonett ins Auge.

Mit dem Pulver in deinen Adern, hatte sein Vater gesagt, *wirst du schneller sein als andere Menschen – so als würden sie sich unter Wasser bewegen und du nicht. Du kennst dieses Gefühl aus deinem Training, aber du wirst es erst dann wahrhaftig verstehen, wenn du in einem echten Nahkampf bist.*

Taniel wusste plötzlich, was sein Vater gemeint hatte. Er konnte spüren, dass er schneller reagierte als die anderen um ihn herum, sogar schneller als die erfahrene Schwertkämpferin Major Bertreau. Es war, als würde er gegen Kinder kämpfen.

Sie hatten keine Chance.

Lass nicht zu, dass du übermütig wirst. Hab Vertrauen in deine schnellen Reaktionen, und du wirst sie töten, bevor sie überhaupt wissen, gegen was sie da kämpfen.

Taniel stach drei weitere Infanteristen nieder, bis es niemanden mehr zu bekämpfen gab. Es kamen weitere Kez die Straße runter, aber die Miliz hatte es geschafft, den ersten Truppenzug zurückzuschlagen.

Bertreau starrte ihn mit großen Augen an. »Zur Grube, sind Sie schnell!«

»Der Sumpf«, sagte Taniel.

»Zu den Bäumen!«, rief sie. »Rennt los. Lasst die Verwundeten zurück.« Sie zuckte zusammen, als sie es aussprach.

Sie rannten die Straßen der Stadt entlang, mit Magie auf ihren Fersen. Blitze zuckten, und über ihren Köpfen segelten Feuerbälle durch die Luft, die in den Gebäuden mit der Wucht explodierender Mörsergranaten einschlugen. Taniel erwog es, sich einen Ort zu suchen, an dem er sich vor der Infanterie verstecken konnte, und einen Schuss auf den Privilegierten abzufeuern, aber er wusste, dass das ein dummes Risiko war. Vielleicht würde er es versuchen können, sobald er die Soldaten im Sumpf abgeschüttelt hatte.

Er sah eine alte Frau, die vor ihm daherhumpelte.

»Komm schon, Dina, du musst dich schneller bewegen!«

Taniel warf seine Schulter unter Dinas Arm und trug sie halb vorwärts. Das Humpeln war ein schlechtes Zeichen – im Sumpf würde eine offene Wunde einen langsamen Tod durch Krankheit oder einen schnellen Tod durch Raubtiere bedeuten.

Fatrastanische Milizionäre rannten im Sprint an ihnen vorbei und versuchten, ihre Haut in der verhältnismäßigen Sicherheit des Sumpfes zu retten. Taniel erkannte mehrere Mitglieder von Bertreaus Nachhut wieder. Er und Dina waren die letzten Überlebenden auf dem Rückzug.

Taniel konnte sehen, wie sich der Rand des Zypressenwaldes direkt vor ihnen aus der Dunkelheit schälte. Er hatte sich darauf vorbereitet, dass ihm plötzlich der Boden unter den Füßen absacken und das Wasser des Tristanflusses unter seinen Stiefeln platschen würde, aber der steile Abhang kam so plötzlich, dass er dennoch stolperte und hinunterfiel. Er landete prustend und fluchend auf dem Rücken im Wasser.

Er tastete nach seinem Rucksack und seinem Gewehr und fand beides wieder. »Geht es dir gut?«

»Ja«, krächzte Dina.

Seine Pulvermagier-Sinne sagten ihm, dass die meisten seiner Pulverladungen nass waren. Er hielt nur lang genug inne, um ein bisschen Pulver aus einer der trockenen Ladungen zu schnupfen, um seine Trance nicht zu unterbrechen.

Sei vorsichtig mit dem Pulver, hatte sein Vater immer gesagt. *Selbst der stärkste Pulvermagier kann abhängig und pulverblind werden.*

Taniel verscheuchte den Gedanken. Jetzt war nicht die Zeit für Zurückhaltung.

Die Dunkelheit barg nur noch wenige Geheimnisse für ihn mit seiner von der Trance verstärkten Sicht, aber sein Fall den Abhang herunter hatte ihn daran erinnert, vorsichtig zu sein. Er und Dina fingen an, sich langsam in den Sumpf vorzutasten.

»Bleib auf festem Untergrund«, sagte Dina. »Unter der Wasseroberfläche wirst du nichts sehen können. Es gibt viele Sumpflöcher – die ziehen einen direkt runter. Nimm einen Schritt nach dem anderen, und wenn du merkst, dass dein Fuß einsinkt, mach den Schritt zurück auf festen Boden.« Ihre Stimme kam als krächzendes Raspeln hervor. »Ein Fuß nach dem anderen ... Oh Kresimir, gib mir Kraft.«

»Wir können nicht anhalten«, sagte Taniel, als Dina anfing, zu fallen.

»Mir geht es gut«, beharrte Dina. »Geh weiter. Es wird häufig kleine Hügel von trockenem Land geben, die aus dem Wasser ragen – dort kann man sich am besten ausruhen.«

Taniels nächste Worte starben auf seinen Lippen, als er das wilde Mädchen erblickte, das er vor dem Kampf auf der Straße gesehen hatte. Sie stand genauso wie vorhin in der Stadt ein paar Dutzend Schritte entfernt und schaute ihn an, ihr Gesicht ausdruckslos. Taniel spürte, wie ihm kalte Finger den Rücken hochwanderten.

»Siehst du ...«

»Ich kann überhaupt nichts sehen in dieser verdammten Dunkelheit«, sagte Dina. »Du bist ein Pulvermagier, du wirst uns führen müssen.«

»Hier, ich …« Taniel schaute nur einen halben Augenblick lang weg, und das Mädchen war verschwunden.

Hinter ihnen ertönten Rufe, und Taniel wusste, dass er zwei Optionen hatte: sich schneller fortzubewegen und das Risiko einzugehen, in ein Sumpfloch zu treten, oder sich langsam fortzubewegen und die Kez-Soldaten zu ihnen aufschließen zu lassen.

Ein schneller Blick zurück verriet ihm, dass die Kez etwa hundert Meter hinter ihm den Sumpf betreten hatten. Sie trugen Laternen mit Abdeckungen gegen den Regen.

Taniel würde sie abhängen und die Sumpflöcher und -drachen riskieren müssen.

Da vorne. Wieder das wilde Mädchen. Taniel bekämpfte seine Furcht mit Wut. Wer zur Grube war sie? Was wollte sie? Warum suchte sie ihn heim?

»Da ist ein Mädchen«, zischte Taniel.

Dina griff nach ihm. »Was hast du gesagt?«

»Ein wildes Mädchen. Sie ist vor uns und beobachtet uns.« Er wollte das Wort »Geist« sagen, aber er bekämpfte den Drang. Er brauchte Dina keine Angst zu machen. Priesterinnen waren berüchtigt dafür, sich solche Dinge sehr zu Herzen zu nehmen. »Ich habe Geschichten gehört …«

»Jetzt ist keine Zeit für Aberglaube«, sagte Dina. »Sie muss wohl zu dem Stamm gehören und hier sein, um uns zu führen. Folge ihr!«

Taniel machte einen Schritt nach vorne und spürte, wie sein Bein bis zum Knie im Matsch versank. »Sumpfloch!« Er versuchte, einen Schritt zurückzumachen, aber er hatte zu viel Gewicht auf seinem vorderen Bein, sodass er nicht genügend Kraft aufbringen konnte.

»Beweg dich nicht«, sagte Dina. Ihr rasselnder Atem erfüllte Taniels Ohren, und er konnte spüren, wie sie ihn an der Schulter fasste. »Ich habe meine Füße in Position gebracht«, erklärte sie. »Ich werde jetzt an dir ziehen. Warte nur, bis …«

Plötzlich wurde Taniel von einem Lichtblitz geblendet, der ihm Dinas Gesicht in seine Netzhaut einbrannte. Er spürte, wie ihr Griff an seiner Schulter verschwand, und er fiel mit rudernden Armen zurück in den Matsch. Sein rechter Arm versank in dem trüben Schlamm, und er dachte schon, er würde für immer hinuntergezogen werden, als er mit einer Fingerspitze etwas Festes berührte.

Er zwang sich, stillzuhalten. Dagegen anzukämpfen, würde es nur noch schlimmer machen. Er konzentrierte sich darauf, in dem Wasser über dem Sumpfloch zu treiben und sich mit einer Hand an einem Felsen unter der Oberfläche festzuhalten. Es war das Einzige, was verhinderte, dass er in die Tiefe gezogen wurde.

Er schob sich mit der einen Hand hoch und spürte, wie sein Gesicht die Oberfläche durchbrach. Er machte einen zittrigen Atemzug. Ruhig bleiben, ermahnte er sich. Er musste langsam atmen und sich allmählich von dem Sumpfloch wegarbeiten.

Er erinnerte sich an Dinas Gesicht in dem Lichtblitz – der Mund offen, die Augen aufgerissen, die Gesichtszüge kreidebleich –, und er wusste, dass sie wahrscheinlich tot gewesen war, noch bevor sie ins Wasser gefallen war.

Seine Augen waren voller Schlamm, und er spürte einen Schmerz in seiner Seite, der vor einem Moment noch nicht dagewesen war. War er angeschossen worden? Vielleicht hatte er sich bei seinem Fall etwas verrenkt.

Er konnte das Platschen von Schritten in der Nähe hören, und sein Herz hämmerte wie eine Salve Musketenschüsse. All sein Training und seine magischen Fähigkeiten, doch jetzt lag er hier im Schlamm und Wasser und konnte sich nicht bewegen. Jemand könnte ganz einfach zu ihm gehen und ihn unter Wasser drücken.

»Schauen Sie sich das an, Mylady«, sagte eine männliche Stimme auf Kez. »Sauber entzweigeteilt. Hervorragend getroffen.«

»Ist es der Pulvermagier?«, fragte eine zweite, weibliche Stimme, die ihrer Ausdrucksweise nach gebildet war.

»Schwer zu sagen, die Leiche versinkt schnell. Ich kann das Gesicht nicht sehen.«

Die Leiche. *Dina.*

Die Frau rümpfte die Nase. »Sie waren zu zweit. Habe ich sie beide erwischt?«

Ein paar Momente verstrichen, und Taniel wusste, dass sie nach ihm suchten. Ihren Stimmen nach hatten sie ihm den Rücken zugewendet. Taniel zwang sich, so leise wie möglich zu atmen, und betete zu Kresimir, dass sie sich nicht umdrehen würden.

»Das ist ein tiefes Sumpfloch, Mylady. Mit diesem Stab hier komme ich nicht an den Boden. Er muss wohl in den Schlamm runtergezogen worden sein. Haben Sie gesehen, wie schnell die Leiche verschwunden ist?«

»Ich will einen Beweis dafür, dass der Pulvermagier tot ist. Markieren Sie die Stelle. Ich komme morgen früh zurück und hole die Leichen hoch.«

»Bis dahin könnten sie von den Sumpfdrachen oder den Schnappern gefressen worden sein, Mylady.«

»Markieren Sie einfach die Stelle. Unsere Jagd ist noch nicht beendet.«

»Jawohl, Mylady.«

Taniel wartete; er konnte kaum atmen und versuchte die Vorstellung, wie der Schlamm ihn langsam nach unten zog, aus seinen Gedanken zu verbannen.

Die Stiefel der beiden platschten im Wasser, als sie weitergingen, und Taniel hörte anderen Soldaten dabei zu, wie sie etwas auf Kez riefen. Die Suche dauerte noch mindestens eine Stunde an, und er hielt still. Allein seine jahrelange Übung darin, strammzustehen, verlieh ihm die Disziplin dazu.

Seine Seite schmerzte fürchterlich, und er wusste, dass er Blut verlor. Wie viel, konnte er nicht mit Sicherheit sagen. Die Schmerzen wurden schlimmer, als seine Pulvertrance nachließ. Er zitterte in dem kühlen Sumpfwasser.

Die Geräusche der suchenden Soldaten waren noch nicht lange verstummt, als Taniel spürte, wie sich etwas an einem seiner Füße vorbeibewegte. Es fühlte sich weich an, wie Satin, der ihm über die Haut strich, und er dachte sofort an all die Geschichten über die Kreaturen, die angeblich in diesem Sumpf lauerten: Schlangen, Schnapper und Sumpfdrachen.

Er konnte nicht länger warten. Er musste zurück auf festen Untergrund, wenn möglich sein Gewehr und seine Ausrüstung finden und sich vor dem Morgengrauen weiter in den Sumpf vorarbeiten. Er bewegte sich langsam und zog sein Bein an sich heran. Als sein ganzer Kopf endlich über Wasser war, kratzte sich Taniel den Schlamm von den Augen. Die Welt lag im Dunkeln, seine Pulvertrance war verflogen. Seine Klamotten waren durchnässt und seine Muskeln versteift, und irgendetwas berührte wieder sein Bein.

Selbst halb blind vom Schlamm und umgeben von Dunkelheit konnte Taniel den Umriss des wilden Mädchens erkennen, das keinen Meter von ihm entfernt am Ufer stand.

Furcht durchströmte ihn. Einige Momente vergingen, und Taniel zwang sich, ihr in die Augen zu sehen, während er eine Hand ausstreckte, um nach festem Boden zu tasten. Dann schnappte ihn etwas am Bein und zog an ihm. Er hatte nicht mal Zeit, den Schrei über die Lippen zu bringen, bevor er unterging.

✦

»Wo führst du mich hin, Mädchen?«

Es war früher Morgen, und der Sumpf war voller Leben. Taniel humpelte mit zehn Schritten Abstand hinter dem wilden Mädchen her und ließ den Blick über ihre Umgebung schweifen. Er entdeckte ein Paar Nasenlöcher, die aus dem Wasser ragten und zu einem Sumpfdrachen gehörten, und erschauderte bei der Erinnerung an die Zähne, die in der letzten Nacht sein Bein geschnappt hatten.

Das wilde Mädchen hatte ihre Route bereits angepasst, um einen weiten Bogen um die Kreatur zu machen.

Sie war die ganze Nacht über stumm geblieben und hatte ihn aufmerksam beobachtet, wenn er sprach, aber nie geantwortet. Er fragte sich, ob sie Adronisch verstand oder überhaupt sprechen konnte. Hatte sie irgendeine Art von Kampfschrei von sich gegeben, als sie in den Matsch getaucht war und den jungen Sumpfdrachen mit zwei Hieben ihrer Machete getötet hatte?

Taniel konnte sich nicht erinnern. Er war zu beschäftigt damit gewesen, sich freizukämpfen.

Er hatte Glück gehabt, dass sich das Biest nur in seinem Hosenbein verbissen hatte.

Ansonsten wäre die Wunde in seiner Seite nur von nachrangiger Bedeutung gegenüber einem fehlenden Fuß.

Taniels Pulvertrance ließ nach. Er hatte seine Trance die ganze Nacht über aufrechterhalten, indem er jede halbe Stunde ein wenig von seinem verbliebenen trockenen Pulver schnupfte, aber er wusste, dass wenn er noch mehr nehmen würde, er das Risiko einging, nicht genügend übrig zu haben für einen Kampf, falls sie eine Patrouille der Kez treffen sollten.

Er hegte immer noch die Hoffnung, auf überlebende Milizionäre zu stoßen, obwohl er den ganzen Morgen keinerlei Anzeichen von ihnen gesehen hatte. Alle Fragen, die er diesem Mädchen dazu gestellt hatte, waren unbeantwortet geblieben.

Er hielt an, um durchzuatmen, und setzte sich auf die verbogenen, alten Wurzeln einer Zypresse. Seine Kleidung war dreckig und durchnässt, sein Gewehr hatte er im Sumpf verloren; er hatte nur seinen Ausrüstungsbeutel, seinen nassen Rucksack und eine einzige Pistole zum Überleben.

Und dieses wilde Mädchen.

»Warte«, sagte Taniel.

Das Mädchen drehte sich um, schüttelte vehement den Kopf und deutete nach vorne. Es war das erste Anzeichen dafür, dass sie irgendetwas von dem verstand, was er sagte. Sie zeigte auf ihn und auf sich und machte dann eine gehende Bewegung mit ihren Fingern.

»Ich muss diese Wunde behandeln«, sagte Taniel. »Wenn ich das nicht tue, wird sie zum Problem werden.« Sie war bereits ein Problem. Mit jedem Schritt riskierte er Krankheit, Entzündung und Blutverlust. Er schleppte sich nur weiter, weil er wusste, dass er so weit weg von den Kez musste wie möglich.

Das Mädchen kam mit platschenden Schritten auf ihn zu, und er zog sein Hemd hoch, um ihr die Wunde zu zeigen.

Es war kein schöner Anblick. Die Wunde war hellrot und schlammverkrustet und verlief fast fünfzehn Zentimeter entlang seiner linken Seite, direkt unter dem Arm. Der Schlamm hatte ihm möglicherweise das Leben gerettet und verhindert, dass er über die letzten sieben oder acht Stunden verblutet war, aber jetzt war seine größte Sorge, dass die Wunde sich entzündete.

Das Mädchen bedeutete ihm, ihr zu folgen, und führte ihn zu einer bewachsenen Anhöhe, die etwa einen Meter aus dem Wasser ragte und etwa fünfzig Schritte lang war. Sie fing sofort an, trockene Stöcke zu sammeln, und brach tote Äste ab vom höchsten Punkt der Anhöhe.

»Kein Feuer«, sagte Taniel und ließ seinen Ausrüstungsbeutel fallen. Er fühlte, wie seine Augenlider schwer wurden. »Wir können nicht riskieren, dass sie den Rauch sehen.« Er stand auf, wurde aber von dem Mädchen direkt mit einem kräftigen Schubser zu Boden gestoßen. »Aua.« Zur Grube, das Mädchen hatte Kraft.

Zwanzig Minuten später hatte sie ein Feuer entfacht und nährte es mit trockenen Zweigen. Ohne zu fragen, durchwühlte sie seine Ausrüstung und holte einen kleinen Kochtopf hervor.

Taniel war zu schwach, um dagegen zu protestieren.

Sie stellte einen Topf mit Wasser auf das Feuer und ging in den Sumpf hinein, wobei sie ihm per Handsignal bedeutete, dazubleiben. Er musste darüber schmunzeln. »Ich geh nirgendwo hin, Mädchen.«

Sie kam einige Zeit später zurück mit einem abgehackten Stück Liane, die etwa so dick war wie ihr Handgelenk. Sie legte sie auf den Boden und schnitt sie mit ihrer Machete der Länge nach auf, wobei sie fachmännisch die weiße, weiche Masse aus der Mitte der Liane herauslöste.

Taniel schaute ihr bei der Arbeit zu. War diese Liane vielleicht eine Art lokales Heilmittel?

Die Eingeborenen kennen das Land immer besser, hörte er die Stimme seines Vaters sagen. *Sie können frisches Wasser in der Wüste finden, und sie wissen, welche Tiere giftig sind. Sie kennen pflanzliche Heilmittel, von denen du noch nie gehört hast.*

Aber sei vorsichtig. Sie können dich auch töten und es dabei so aussehen lassen, als hätten sie versucht, dir zu helfen.

Nun, dieses Mädchen hatte ihre Chance, ihn sterben zu lassen, bereits gehabt, und ohne sie würde er niemals aus diesem Kresimir-verdammten Sumpf finden.

Taniel säuberte die Wunde mit dem abgekochten Wasser, dann schnitt er das verkohlte und aufgerissene Fleisch mit seinem Messer weg, nachdem er eine Prise Pulver gegen die Schmerzen geschnupft hatte. Das Mädchen trug das Innere der Liane auf seine Wunde auf, dann nutzte sie die Außenhaut davon als Bandage, wickelte sie ihm um die Brust und verknotete sie auf der anderen Seite.

Er lehnte sich zurück und schaute ihr dabei zu, wie sie einen Sumpfdrachen mit Steinen bewarf, der ihre kleine Insel an trockenem Land hochgekrochen kam. Ein Taubheitsgefühl machte sich in seiner Seite breit, und Taniel hielt seine Pistole vor der Brust umklammert. Er musste wach bleiben.

Es war unmöglich zu sagen, wie viele Kez diesen Sumpf patrouillierten oder ob die Kez-Privilegierte hier draußen war und das Moor persönlich nach ihm durchkämmte.

✦

Taniel erwachte einige Stunden später. Dem Sonnenlicht nach, das durch die Zypressen über ihm schien, schätzte er, dass es nach vier Uhr war.

Der Schmerz in seiner Seite war verschwunden, und das Taubheitsgefühl hatte sich so weit ausgebreitet, dass sein linker Arm nur mäßig zu gebrauchen war. Das Schmerzmittel, mit dem das Mädchen seine Wunde bestrichen hatte, war stark.

Das Mädchen selbst war nirgendwo zu sehen, und der Sumpf war ungewöhnlich ruhig. Er rappelte sich auf und stellte fest, dass er seine Pistole bereits in der Hand hielt. Er stellte sicher, dass sie geladen, der Lauf sauber und die Pulverladung trocken war.

Eine kleine Prise Pulver befeuerte seine Gedanken und brachte seinen Kreislauf in Schwung, aber er konnte immer noch eine gewisse Trägheit in seinen Gliedern spüren. Das Schmerzmittel war in der Tat stark.

Er wusste, dass er sich sein Pulver aufsparen sollte, aber die Trance würde ihm Stärke verleihen und ihm beim Denken helfen, und die Verlockung der geschärften Sinne, die damit einhergingen, war zu stark, als dass er sie ignorieren konnte.

Ein Geräusch ließ Taniel den Kopf drehen. Oben in einem der Bäume über der Stelle, wo er geschlafen hatte, hatte sich das wilde Mädchen mit eingesteckter Machete wie eine Eule auf einen Ast gehockt. In einer Hand hielt sie ein Schilfrohr, das etwa so dick war wie die Kohlestücke, mit denen Taniel in sein Skizzenbuch zeichnete, und tippte es langsam gegen den Baumstamm, wobei sie den Kopf so zur Seite gelegt hatte, als würde sie auf etwas hören.

Sie zeigte auf ihn und machte dann eine Geste zu der Asche des Feuers.

Taniel schnappte sich seinen Topf und verstaute ihn in seinem Ausrüstungsbeutel, dann trat er die Asche ins Wasser.

Das Mädchen kletterte den verwitterten grauen Stamm der Zypresse herunter und landete sanft auf ihren nackten Füßen. Sie hielt vier Finger in die Luft und zeigte nach Süden, dann huschte sie die Anhöhe hinunter. Taniel hatte keine Gelegenheit, etwas zu erwidern, bevor sie unter der Wasseroberfläche verschwand. Es war nichts mehr zu sehen außer ein paar Wellen und dem langen, schwankenden Schilfrohr, das vor einem Augenblick noch nicht dagewesen war.

Taniel hörte, wie sich die platschenden Schritte von mehreren Personen aus dem Sumpf näherten. Sobald er festgestellt hatte, aus welcher Richtung sie kamen, bewegte er sich zur gegenüberliegenden Seite der Zypresse, hockte sich hin und wartete.

Sie kamen genau auf ihn zu. Er streute sich eine Linie Schwarzpulver auf die Rückhand und schnupfte sie, um seine Pulvertrance zu einem kräftigen Rausch zu verstärken, dann lehnte er sich wieder zurück hinter den Baum.

Sie waren zu viert. Drei Kez-Soldaten, die sich in einer Dreiecksformation fortbewegten, wobei derjenige an der Spitze sich vorsichtig seinen Weg durch das Wasser suchte. Ein Vierter lief dem Trio hinterher; seine Hände waren gefesselt und über ein Seil mit dem Gürtel eines der Soldaten verbunden.

Der Gefangene war ein Wilder. Er war viel größer als das Mädchen, mit einem drahtigen Körperbau und dünnen, knochigen Schultern. Taniel schätzte ihn auf etwa fünfundzwanzig. Er hatte kurzes, blassrotes Haar, das über den Ohren geschoren war, und dieselbe graue, sommersprossige Haut wie das wilde Mädchen.

Die drei Soldaten rückten in Stille vor und konzentrierten sich darauf, nach Sumpfdrachen und Schlangen Ausschau zu halten. Sie hielten ihre Musketen mit aufgepflanzten Bajonetten im Anschlag.

Taniel wartete in seinem Versteck hinter der großen Zypresse darauf, dass sie zu ihm kamen. Er hatte seine Pistole und sonst nichts. Sollte er sie vorbeiziehen lassen und in seinem Versteck bleiben wie das Mädchen? Oder sollte er versuchen, sie gefangen zu nehmen und den Wilden zu retten? Er könnte das Pulver in ihren Musketen mit einem Gedanken entzünden und so alle drei auf einmal töten oder verwunden, aber er war nicht besonders geschickt darin, Explosionen zu lenken, und würde damit riskieren, den Gefangenen zu verletzen.

Wenn es zu einem Kampf kommen würde, waren die drei besser bewaffnet. Vielleicht würden sie es schaffen, ihn zu überwältigen.

Taniel schob sich mit dem Rücken zur Zypresse um den Baumstamm herum, wobei er ihn zwischen sich und den drei Soldaten behielt.

Das Platschen verstummte plötzlich.

»Hier war jemand«, sagte einer von ihnen auf Kez. »Ist das Asche?«

Das Platschen näherte sich der Anhöhe. »Da war ein Feuer. Seht ihr diesen Stiefelabdruck? Hier war vor Kurzem jemand. Einer von diesen verdammten Rebellen.« Er wechselte zu Adronisch. »Du, Wilder. Wer würde sonst noch hier heute entlangkommen?« Ein Moment der Stille, dann: »Hörst du mich nicht, Wilder? Ich weiß, dass du mich verstehst.«

Ein dumpfes Geräusch war zu hören, von einem Musketenkolben, der auf Fleisch traf, und jemand grunzte, schrie aber nicht auf.

»Ist es noch warm?«, fragte einer der Soldaten auf Kez.

Taniel hörte, wie einer der Soldaten auf die Anhöhe stieg; der Matsch schmatzte unter seinen Stiefeln. Taniels Atem ging schnell und kurz, und plötzlich kam der Mann in Sicht. Ganz langsam, um keine Aufmerksamkeit auf sich zu ziehen, legte Taniel seine Pistole an.

Der Soldat beugte sich über die Überreste von Taniels Feuer, dann steckte er einen Finger hinein. »Ein wenig warm. Sie waren noch vor ein paar Stunden hier. Ich …«

Er drehte den Kopf und riss die Augen weit auf, als er Taniel sah.

»Leg sie ab«, sagte Taniel auf Kez.

Der Soldat ließ seine Muskete fallen.

»Wer ist da?«, forderte einer der anderen.

»Ein Rebell«, sagte der Kez. »Er hat eine Pistole auf mich gerichtet.«

»Legt eure Musketen ab!«, rief Taniel.

Der Soldat leckte sich über die Lippen und schaute Taniel in die Augen. »Er ist allein!«, rief er, als er zur Seite sprang. Taniel folgte seiner Bewegung, schaute zu, wie der Soldat seine Muskete aufhob und sich drehte, um auf Taniel zu zielen.

Taniel drückte den Abzug und streckte den Soldaten mit einem Schuss ins Herz nieder.

Er wirbelte zu den anderen beiden herum und drehte seine Pistole um, um sie am Lauf zu fassen. Er spürte, wie die Hitze seine Handfläche versengte. Er hatte eine halbe Sekunde, um sich zu entscheiden, ob er ihr Pulver entzünden und sie so beide töten, aber auch den Gefangenen riskieren sollte, oder die Distanz überbrücken und sie angreifen sollte. Er würde sich an ihren Bajonetten vorbeiducken und seine einzige Waffe benutzen müssen – den Kolben seiner abgefeuerten Pistole.

Das Wasser unter den Soldaten spritzte in die Höhe. Das wilde Mädchen kam hervorgeschossen; ihr Haar wirbelte durch die Luft, während sie einem der Soldaten die Kniesehne mit ihrer Machete durchschnitt, dem anderen den Bauch aufschlitzte und dann zum ersten zurückkehrte, um ihm die Kehle durchzuschneiden.

Die ganze Sache war innerhalb eines halben Herzschlages passiert, schneller als Taniel gucken konnte, und beide Männer waren am Boden.

Er und das Mädchen schleiften die Leichen auf die Anhöhe.

Der wilde Gefangene war während des kurzen, brutalen Kampfes nicht zurückgeschreckt, sondern war auf den Soldaten gesprungen, dem das Mädchen den Bauch aufgeschlitzt hatte, um ihm mit bloßen Händen den Rest zu geben. Sein Blick streifte mit Verachtung in den Augen über die drei Leichen, und Taniel vermutete, dass er das Töten gewöhnt war.

»Ich bin Milgi vom Stillwasser-Stamm«, sagte der männliche Wilde. Seine Stimme war tief und sein Adronisch kaum verständlich.

»Ich bin Taniel. Ein Captain bei der fatrastanischen Miliz. Und ein Pulvermagier.« Er fügte den letzten Teil hinzu, um seinen Worten mehr Gewicht zu verleihen. Als er dem Wilden die Hand gab, fragte er sich aber, ob die Wilden überhaupt wussten, was ein Pulvermagier war.

Das Mädchen hatte bereits damit angefangen, den Leichen alles abzunehmen, was irgendwie brauchbar war. Milgi hielt sich von der Anhöhe fern; er stand knietief im Wasser, und Taniel meinte, ein wenig Furcht in seinen Augen zu sehen, wenn er zu dem Mädchen schaute.

»Warst du derjenige, den wir in Gladeside treffen sollten?«, fragte Taniel.

»Ja. Eure Kompanie ist früh angekommen, und die Kez ...«, Milgi hielt inne, um auf eine der Leichen zu spucken, »... haben euch eingeholt, bevor wir da waren.«

»Ist sonst noch jemand entkommen?«, fragte Taniel.

»Die meisten von der Kompanie. Meine Brüder führen sie gerade zu unserem Dorf.«

Taniel stieß einen erleichterten Seufzer aus.

Milgi fuhr fort. »Ich habe nach dir gesucht, als mich diese drei überrascht haben. Es war ...«

»Beschämend?«

»Ja.«

Das Mädchen fand das Pulverhorn von einem der Soldaten. Sie machte es auf, überprüfte das Pulver, dann schloss sie es wieder und warf es Taniel zu.

Taniel fing es mit einer Hand. »Kannst du mich zu ihnen bringen?«

»Das kann ich«, sagte Milgi.

»Hervorragend. Wir sollten uns auf den Weg machen, bevor hier eine weitere Patrouille vorbeikommt.«

Taniel schnappte sich die beste der drei Musketen und überprüfte das Bajonett. Er bevorzugte Gewehre – sie waren genauer auf die großen Distanzen, die Pulvermagier so tödlich machten, und je gerader der Schuss war, desto weniger Aufwand war es, die Kugel schweben zu lassen. Die Muskete würde jetzt allerdings reichen müssen.

Sie ließen die Leichen so zurück, dass die Kez sie finden würden, falls sie nicht vorher von den Sumpfdrachen gefressen werden würden. »Furcht«, hatte Milgi gesagt, als Taniel sie verstecken wollte. »Zweifel. Der Sumpf macht ihnen jetzt schon Angst. Das wird sie noch verstärken.«

Das Mädchen lief vorweg, während sie sich ihren Weg durch den Sumpf suchten, und bedeutete ihnen per Handzeichen, wenn es eine Schlange oder einen Sumpfdrachen zu umgehen galt.

»Wie heißt sie?«, fragte Taniel Milgi und zeigte zu dem Mädchen. Milgi beobachtete sie schon seit einiger Zeit, und es lag ein Hauch von Misstrauen in seinen Augen.

»Ka-poel.«

»Seltsamer Name. Seltsames Mädchen.«

»Wenn ich ehrlich bin, hatte ich nicht erwartet, dich mit ...«, Milgi senkte seine Stimme, »... *ihr* zu finden.«

»Ich dachte, sie sei eine von euch?«

Milgis nächste Worte kamen langsam, zögerlich. »Das ist sie. Aber dann auch wieder nicht. Sie hat keinen Platz in unserem Stamm. Sie ist eine Fremde, von jenseits der Meerenge tief im Westen. Aber sie ist ein Knochenauge, weshalb wir sie nicht verstoßen können.«

»Eine Dynize?«, fragte Taniel.

»Ja.«

Niemand wusste viel über die Dynize, abgesehen davon, dass sie ein großes Imperium westlich von Fatrasta beherrschten und dass die Grenzen des Imperiums seit Jahrzehnten für Fremde geschlossen waren. Die Eingeborenen von Fatrasta waren entfernt mit ihnen verwandt – ihr Aussehen und ihre Sprache waren ähnlich, aber so verschieden wie die der Kez und Adroner.

Taniel bemerkte, dass das Mädchen ihren Kopf halb zu ihnen gedreht hatte, während sie sich leise durch den Sumpf bewegte. Sie hatte ihnen zugehört.

»Kann sie sprechen?«

»Nein.«

Taniel spürte eine Hand auf seiner Schulter, und als er sich umdrehte, sah er, dass Milgi angehalten hatte. »Man kann ihr nicht trauen«, sagte er.

»Sie hat mir das Leben gerettet. Schon mehr als nur einmal, und der Tag ist noch jung.« Taniels Humor verflog, als er merkte, dass Milgi den Witz nicht verstand.

»Man kann ihr nicht trauen«, sagte Milgi noch einmal, bevor er weiterging.

Taniel lief los, um zu ihm aufzuschließen. »Weißt du irgendetwas über die Kompanien der Kez, die uns angegriffen haben?«

»Nur, was uns euer Major heute Morgen erzählt hat, als wir eure Männer gefunden haben. Fünf Kompanien. Über eintausend Musketen und eine Privilegierte.«

»Major Bertreau hat überlebt? Ich bin froh, das zu hören. Liegt euer Dorf tief genug im Sumpf, um uns zu verstecken, falls sie nach uns suchen kommen?«

Milgis Gesicht verfinsterte sich. »Vor den Männern? Ja. Weiter ins Moor hinein ist das Wasser tief, und Anhöhen sind selten. Tausend Mann würden jahrelang suchen müssen, um uns zu finden.« Er hielt inne. »Aber als ich gefangen genommen wurde, habe ich so getan, als würde ich ihre Sprache nicht sprechen, und habe zugehört, wie die Soldaten untereinander redeten. Sie haben gesagt, dass ihre Privilegierte sich ihren Weg durch das Moor brennen wird.«

Taniel hatte ein kaltes Gefühl in der Magengrube.

»Ich bin mir sicher, dass sie uns nicht finden werden«, sagte Milgi und winkte ab, so als wolle er diese Angst zerstreuen.

Taniel kannte die Magie von Privilegierten. Er wusste, wozu sie fähig waren. Sein Vater hatte ihm Geschichten erzählt von einigen der stärksten Kabalanführer in den Neun – von Männern, die Tausende mit einer beiläufigen Geste abschlachten konnten.

Letzte Nacht hatte er die Macht dieser Privilegierten gespürt, als sie die Kompanie angegriffen hatte. Sie war nicht so mächtig wie ein Kabalanführer, aber sie war auch kein Nichtskönner. Sie konnte die Erde anheben, die Bäume niederbrennen und das Wasser teilen und ihren Männern so sicheres Geleit durch den Sumpf verschaffen und die Miliz und die Wilden finden, egal wo sie sich versteckten.

»Wir müssen zurück«, sagte Taniel.

Milgi hielt inne und starrte ihn an.

»Lagern die Kez in Gladeside?«, fragte Taniel.

»Ja«, sagte Milgi. »Aber wir können nicht zurückgehen. Tief im Sumpf werden sie uns nicht finden. Gegen einen Privilegierten kann man nichts tun, außer sich zu verstecken.«

»Ich bin ein Pulvermagier.« Taniel fühlte sich nicht gut. Seine Seite schmerzte, ihm war schwindelig, weil er zu wenig gegessen hatte, und seine Füße taten weh. Er war seit dem vergangenen Abend nicht mehr trocken gewesen, und der Gedanke, auch nur in der Nähe dieser Privilegierten zu sein, jagte ihm eine Heidenangst ein.

Aber wenn er nicht zurückging, würden seine Kompanie und ihre wilden Verbündeten alle sterben.

»Privilegierte.« Milgi wedelte mit seinem Finger unter Taniels Nase, als sei Taniel ein begriffsstutziges Kind. »Du hast keinen Privilegierten, und du kannst nicht gegen sie kämpfen.«

»Pulvermagier«, sagte Taniel und wiederholte, was ihm sein Vater über die Jahre eingebläut hatte, »wurden genau für eine Sache gemacht: um Privilegierte zu töten.« Er zwang die Worte über die Lippen und fragte sich, ob er noch an sie glaubte. Als er in einer Kaserne gesessen und den Geschichten seines Vaters gelauscht hatte, war es leicht genug gewesen zu glauben, dass er einen Privilegierten töten konnte. Aber wenn zwischen ihm und ihrer Magie nur eine Meile Entfernung und eine einzige Kugel lag, fühlte er sich nicht mehr so sicher.

Milgi wirkte hin- und hergerissen. Er schaute in die Richtung, in die sie gingen, dann zurück in die, aus der sie gekommen waren. »Nein«, sagte er bestimmt. »Es ist keine Schande, sich vor einem Privilegierten zu verstecken. Wir kommen nicht gegen sie an.«

Taniel fing an, zurückzugehen. »Ich gehe.«

»Dann gehst du alleine. Du wirst nie den Weg finden.«

Taniel versuchte, sich zu orientieren, aber Milgi hatte recht. Es war ein Leichtes, sich im Sumpf zu verirren. Er kannte das Gelände nicht, und er wusste nicht, wie man Sumpfdrachen und Schnapper erspähte, die sich im Wasser versteckten.

»Ka-poel!«, rief er und war überrascht, dass das Mädchen bereits an seiner Seite stand. »Ka-poel. Kannst du mich zurück nach Gladeside führen?«

Sie schenkte Milgi ein spöttisches Lächeln und nickte.

»Sie kennt keine Furcht«, sagte Milgi. »Sie wird dich ins Grab bringen.«

Ka-poel schaute Milgi mit zusammengekniffenen Augen an, und der Mann machte einen halben Schritt zurück.

»Ich habe gerade keine Zeit für Furcht«, sagte Taniel. »Ich muss jemanden töten.«

Er hätte schwören können, dass Ka-poels grüne Augen bei seinen Worten aufblitzten.

»Ich muss entweder nördlich oder südlich von Gladeside aus dem Sumpf kommen. Zwei Meilen entfernt von der Stadt wäre am besten – irgendein Ort, von wo aus ich freie Schussbahn auf Gladeside und einen leichten Weg zurück in den Sumpf habe.«

Ka-poel hörte mit gerunzelter Stirn zu, dann nickte sie kurz.

✦

Sie ließen Milgi zurück, und sie führte ihn dorthin, wo sie hergekommen waren. Das Wasser war ruhig, der Tag windstill, und Taniel redete in dem Versuch, den Schmerz in seiner Seite zu vergessen.

»Es sieht alles gleich aus«, sagte er. »Woher weißt du, wo du lang musst?«

Ka-poel zeigte mit zwei Fingern auf ihre Augen, dann auf den Wald. Sie deutete auf eine Anhöhe in der Nähe, die mit Weißgummibäumen und Seifenbaumgewächsen bewachsen war, dann zeigte sie auf eine auf einzigartige Weise gewundene Zypresse, die links von ihnen aus dem Wasser ragte. Mit einem Finger deutete sie hinter sich zu einem Felsen, der seitlich im Wasser lag.

»Landmarken?«, fragte Taniel.

Sie nickte.

Ihm war beigebracht worden, sich so in unbekanntem Gebiet zu orientieren, aber Landmarken schienen in diesem Sumpf selten und weit voneinander entfernt zu sein. Anscheinend würde er sich mehr anstrengen müssen.

Als die Dämmerung hereinbrach, stoppte sie ihn mit der flachen Hand. Sie zeigte zum Himmel, dann folgte sie dem Verlauf der Sonne mit dem Finger, bis sie schließlich auf den Boden zeigte.

»Es wird bald dunkel sein?«

Ein Nicken. Sie machte eine gehende Bewegung mit ihren Fingern und deutete auf den Wald um sie herum, dann zog sie einen Finger über ihren Hals.

»Sehr gefährlich, wenn es dunkel ist.«

Noch ein Nicken. Sie schenkte ihm ein kleines Lächeln, dann breitete sie die Hände aus. *Was wollte er jetzt tun?*

»Kannst du gut im Dunkeln sehen?« Er erinnerte sich, wie sie ihn letzte Nacht durch den Sumpf geführt hatte, weg von den Suchtrupps der Kez.

Sie wackelte unsicher mit der Hand. *Einigermaßen.*

»Das Pulver«, sagte Taniel. Er streute sich eine Linie Schießpulver auf seine Rückhand und schnupfte sie. »Dadurch kann ich im Dunkeln fast so gut sehen wie tagsüber. Lass uns weitergehen. Wir schlagen unser Lager außerhalb des Moores auf. Ich fühle mich nicht ganz wohl damit, hier zu schlafen, bei den ganzen Schlangen, Sumpfdrachen und Kez-Patrouillen.«

Ka-poel nickte.

Die Sonne war untergangen, bevor sie es schafften, den Sumpf zu verlassen. Nachdem sie den Abhang hochgeklettert waren, der den Rand des Tristanmoores markierte, kamen sie zu einer Hügelspitze, die etwa eine Viertelmeile vom Rand des Sumpfes entfernt war, und schlugen dort, so gut es ohne Feuer und Bettzeug ging, ihr Lager auf.

Taniel übernahm die erste Wache.

Er machte sich nicht die Mühe, Ka-poel für die zweite Wache aufzuwecken. Er wusste, dass er ohnehin nicht schlafen können würde.

Einen Privilegierten zu erschießen, hatte sein Vater einmal gesagt, *scheint die einfachste Sache der Welt zu sein. Nicht anders, als auf eine Zielscheibe zu schießen.*

Aber du solltest niemals vergessen, dass nichts in der Welt verheerender ist als ein wütender Privilegierter.

Schieß nicht daneben.

Denn wenn du das tust, wird er die Landschaft mit deinen Leichenteilen schmücken.

✦

Taniel saß mit dem Rücken an eine Eiche gelehnt und beobachtete die Stadt Gladeside aus der Ferne. Sie lag etwas mehr als zwei Meilen entfernt in der Dunkelheit. Mit einer ausreichend großen Prise Pulver konnte er die Wachen der Kez auf ihren Posten direkt vor der Stadt sehen.

Die Überreste des Gemeinschaftshauses waren weggeschafft worden. Ein paar der Häuser waren niedergebrannt worden, und von einem Schafott in der Mitte der Stadt hingen zwei Leichen.

Wahrscheinlich Rebellen-Sympathisanten. Vermutlich war der Bürgermeister darunter – immerhin hatte er Taniels Kompanie Zuflucht gewährt.

Die Kez gingen alles andere als subtil vor.

In der ganzen Stadt und darum herum waren weiße Zelte aufgeschlagen worden. Taniel zählte sie, nur um sicherzugehen. Bei zwei Soldaten pro Zelt schätzte Taniel, dass es fast tausend Soldaten waren. Fünf Kompanien und eine Privilegierte, genau wie ihm gesagt worden war.

Eine nicht zu unterschätzende Streitmacht.

Er ließ seinen Blick über die Ausläufer des Lagers wandern und beobachtete ihre Wachposten. Einer pulte in der Nase. Ein weiterer hatte die Lippen leicht geöffnet, und obwohl Taniel es nicht hören konnte, wusste er, dass der Wachposten vor sich hin pfiff.

Taniel hatte auch mal Wachdienst geschoben. Man tat alles, um sich wach zu halten.

Er rollte die Augen zurück und atmete langsam aus, dann öffnete er sein drittes Auge, um ins Els zu sehen.

Die Welt wurde in Pastellfarben getaucht. Überall in der Stadt und im Sumpf bei Gladeside markierten verblasste Farbkleckse die Stellen, wo die Privilegierte in der vorherigen Nacht Magie gewirkt hatte. Einer dieser Farbkleckse markierte die Stelle, an der Dina gestorben war.

In der Stadt konnte Taniel mehrere trübe, kleinere Farbtupfer erkennen. Es waren Begabte – Menschen, die über geringe magische Fähigkeiten verfügten. Normalerweise hatte jede Kompanie mindestens einen. Ihre Begabungen waren immer nützlich in einer Armee.

Sein Blick blieb an dem einen grellen Punkt im Els hängen.

Die Privilegierte. Sie war in einem der Häuser und schlief wahrscheinlich tief und fest in einem Federbett.

Er könnte versuchen, sie jetzt sofort zu erschießen, während sie schlief und sich nicht bewegte. Das wäre am einfachsten.

Aber selbst wenn er es schaffen sollte, die Kugel durch ein Fenster und um die Ecke schweben zu lassen – was auf diese Entfernung beinahe unmöglich war –, würde er danach immer noch bei Nacht in den Sumpf fliehen müssen. Er hatte diese Woche schon einmal versucht, im Dunkeln durch den Sumpf zu rennen. Er hatte keine Lust, es auf einen zweiten Versuch ankommen zu lassen.

Er warf einen Blick zu dem Mädchen.

Natürlich, sie würde auch umgebracht werden. Er hätte sie schon vor Stunden zurück in den Sumpf schicken sollen. Das hier war etwas, was er alleine tun musste.

»Ka-poel«, flüsterte er einige Zeit später.

Es war jetzt kurz vor der Morgendämmerung. Er konnte sehen, wie der östliche Horizont leicht heller wurde und der Mond im Westen verschwand. Die Kez-Soldaten im Lager regten sich langsam.

Er rüttelte das Mädchen wach. Wenige Momente später war sie auf den Beinen; ihr rotes Haar war zerzaust, und sie rieb sich den Schlaf aus den Augen.

»Es ist so weit«, sagte Taniel. Er hörte, wie sein Magen knurrte. Es waren dreißig oder mehr Stunden vergangen, seit er zum letzten Mal etwas gegessen hatte. Die betäubende Liane, die Ka-poel auf seine Wunde aufgetragen hatte, hatte ihre Wirkung längst verloren, und jetzt tat sein ganzer Körper weh. Seine Seite war verspannt und sein linker Arm steif.

Das würde kein leichter Schuss werden.

Er legte sich neben einen Ahornbaum auf der Hügelspitze, richtete den Musketenlauf in Richtung Gladeside und stützte ihn auf einer dicken, knorrigen Wurzel ab.

»Ich habe nur einen Schuss«, sagte Taniel zu dem Mädchen. »Wenn ich danebenschieße, wird die Privilegierte alarmiert sein und einen Schutzschild um sich ziehen. Ich werde es trotzdem noch einmal versuchen, nur für den Fall, dass sie nachlässig ist, aber der erste Schuss wird der einzige gute sein, den ich bekomme.«

Er warf einen Blick zu Ka-poel, um zu sehen, ob sie ihm zuhörte. Sie hatte sich neben ihm auf den Bauch gelegt und beobachtete die Stadt.

Sie nickte ihm zu.

»Höchstens zwei Schüsse«, sagte Taniel. »Und dann rennen wir los.« Er zeigte zum Abhang, der runter zum Moor führte. »Sie wird uns ihre Soldaten hinterherschicken. Wir werden uns beeilen müssen. Mit ein bisschen Glück sind wir bereits weg, bis sie hier sind. Im Sumpf werden sie uns nicht folgen können.«

Taniel überprüfte die Muskete zum fünften Mal – die Zündpfanne war scharf, der Lauf geladen und das Pulver trocken. Nicht alles davon war nötig für einen Pulvermagier, aber jedes bisschen Vorbereitung half dabei, den Schuss ein wenig einfacher zu machen.

Er legte den Kolben der Muskete an die Schulter an und zielte entlang des Laufes auf das Haus, in dem er die Privilegierte gesehen hatte.

Taniel öffnete sein drittes Auge.

Der Farbtupfer der Privilegierten befand sich immer noch in dem Haus.

Taniel konnte sein Herz in seinen Ohren trommeln hören. Das hier war kein Nahkampf – es gab keinen plötzlichen Pulver- und Adrenalinrausch, der ihn während des Kampfes antrieb, bis sein jahrelanges Training dabei half, den Todesstoß zu setzen.

Das hier war ein ruhiger, meditativer Schuss.

Der Farbtupfer bewegte sich. Taniel schloss sein drittes Auge und beobachtete das Haus von außen, wobei er sich auf die Vordertür und das ihm zugewandte Fenster konzentrierte. Mit seiner pulververstärkten Sicht konnte er durch das offene Fenster ein Waschbecken, einen hohen Spiegel und einen Bettpfosten sehen.

Taniel setzte die Muskete ab, streute sich eine Linie Pulver und schnupfte sie; er spürte, wie es seine Nerven beruhigte.

Er beobachtete wieder das Haus. Im Fenster bewegte sich etwas, und die Privilegierte kam in sein Sichtfeld.

Sie war überhaupt nicht das, was er erwartet hatte.

Sie war höchstens dreißig, jünger als Major Bertreau. Anders als bei den meisten Privilegierten, die Taniel kennengelernt hatte, war ihr Gesicht nicht entstellt von Jahren der Magie und Grausamkeit. Ihre Nase war klein und schmal. Sie trug ein Nachthemd, das herunterhing und eine nackte Schulter offenbarte, und ihr blondes Haar war lockig und wild. Sie spritzte sich etwas Wasser ins Gesicht und betrachtete sich einen Moment lang im Spiegel.

Taniel bereute seine magische Sicht; er verfluchte das Schwarzpulver, das ihm die Fähigkeit verlieh, sein Ziel so deutlich zu sehen.

Sie sah aus wie ein Mädchen, das Taniel von der Universität kannte. Soulin. Tatsächlich hätte sie Soulins große Schwester sein können. Sie hatte dieselbe Haarfarbe, dieselben schmalen Züge, und es sah aus, als sei sie etwa gleich groß.

Der Lauf seiner Muskete schwankte. Seine Hände zitterten.

Er ließ seinen Kopf vom Musketenschaft fallen und schloss einen Moment lang die Augen.

Ka-poel starrte ihn an. Sie warf ihm einen finsteren Blick zu und formte ihre Finger zu einer Pistole, mit der sie auf Gladeside zielte.

Schieß.

Taniel holte tief Luft und atmete sie langsam wieder aus. Er legte seine Wange auf den Musketenschaft.

Die Privilegierte war immer noch in ihrem Zimmer. Sie hatte sich das Gesicht gewaschen und trat vom Fenster fort. Einen Moment später kam sie zurück und trug ein frisches Hemd.

Sie ging zum Fenster und schüttelte ihr langes Haar mit beiden Händen aus.

Taniel erinnerte sich an den trockenen, nüchternen Ton, mit dem die Privilegierte über die Leichen gesprochen hatte. Er dachte an Dina und ihren überraschten Gesichtsausdruck, als das Feuer der Privilegierten sie entzweigeteilt hatte.

Er dachte an Dinas Mann und ihre Kinder, die noch nicht mal ihre Leiche je zu Gesicht bekommen würden.

Und er würde niemals vergessen können, dass es ein Kez-Privilegierter gewesen war, der seiner Familie vor langer Zeit den Kopf seiner Mutter in einer Kiste überreicht hatte.

Der Knall der Muskete ließ ihn aufschrecken; er hatte kaum gemerkt, wie sein Finger den Abzug gedrückt hatte.

Über ihm breitete sich eine schwarze Rauchwolke aus, die seine Nasenlöcher mit dem Geruch von Schwefel füllte.

Er zählte stumm und verbrannte das zusätzliche Pulver in seinem Pulverhorn, um die Kugel viel länger fliegen zu lassen als eine normale Musketenkugel. Er spürte, wie sich ein leichter Schmerz in seinem Hinterkopf breitmachte, als die Anstrengung, die Kugel in der Luft zu halten, seine Magie strapazierte.

Pulvermagier benutzten normalerweise kleinkalibrige Kugeln und Gewehre mit hoher Mündungsgeschwindigkeit, um sicherzugehen, dass die Kugel ihr Ziel traf, bevor das Ziel den Schuss hören konnte.

Aber mit einer regulären Kez-Infanteriemuskete würde die Kugel das Ziel etwa zur selben Zeit erreichen wie der Knall.

Solange sie nicht die schwarze Rauchwolke sah, die über ihm aufstieg und seine Position verriet.

Sie sah sie nicht.

Sie stand immer noch am Fenster und genoss die Morgenluft, als die Kugel in ihr linkes Auge eintrat und ihren Hinterkopf auf dem Spiegel hinter ihr verteilte.

Taniel wartete nicht ab, bis die Wachposten herausfanden, was passiert war. Die paar zusätzlichen Momente konnten den Unterschied bedeuten zwischen einer erfolgreichen Flucht und ihrer Gefangennahme. Einen Augenblick später war er auf den Füßen und rannte in geduckter Haltung den Abhang hinunter, schnurstracks auf das Tristanmoor zu, Ka-poel direkt hinter ihm.

Als Ka-poel ihn in den Sumpf führte und die Trompeten der Kez hinter ihnen Alarm schlugen, hörte er die Stimme seines Vaters im Hinterkopf.

Bei deinem ersten kaltblütigen Abschuss wirst du Schuldgefühle haben. Schließlich wird dein Opfer die Kugel noch nicht einmal kommen gesehen haben.

Taniel fror, und es hatte nichts mit der kalten Morgenluft zu tun.

Auch beim zweiten Mal wirst du Schuldgefühle haben, sagte die Stimme seines Vaters. *Und beim Mal danach. Bei mir haben diese Schuldgefühle etwa beim zwanzigsten Mal aufgehört, und ich denke, ein Teil meiner Menschlichkeit ist dabei ebenfalls gestorben. Mein Junge, ich hoffe, du wirst diese Gefühle länger mit dir tragen als ich.*

»Tue ich nicht«, flüsterte Taniel.

Ka-poel warf ihm über die Schulter einen fragenden Blick zu.

»Wir sollten zu deinem Dorf gehen«, sagte Taniel. »Und uns vorbereiten. Früher oder später werden sie einen anderen Privilegierten schicken. Und ich werde hier sein, um auch den zu töten.«

VERLORENE EHRE

Unmittelbar zwischen den Ereignissen
aus »Blutschwur« und »Schicksalswende« …

Captain Vlora hielt die erste Ehrenwache am Grab ihres gefallenen Kameraden.

Sie konnte spüren, wie die kalte Brise eines Sommergewitters die Hitze des Tages fortwehte. Die hohen Backsteinmauern des kleinen Friedhofs warfen lange Schatten im Mondlicht, aber eine kleine Prise Schwarzpulver auf der Zunge verlieh ihr katzengleiche Sehkraft. Die Pulvermagie verstärkte ihre Sinne, beruhigte ihre Nerven und schärfte ihre Reflexe, aber in diesem Moment wünschte sie sich nur, dass sie ihr helfen würde, zu vergessen.

Vlora trug ihre Paradeuniform – dunkles Adronischblau mit silbernen Knöpfen, roten Zierstreifen und einem silbernen Pulverfassanstecker. Sie hatte ihr Gewehr geschultert, eine Pistole und ihren Degen an ihrem Gürtel und die Arme und Schultern in Habachtstellung. Der leichte Wind zupfte an ihrem schwarzen Haar, das zu einem strengen Zopf zurückgeflochten war.

Der Grabstein war ein mannshoher Monolith aus Marmor, der zur Spitze hin etwas schmaler zulief. Darauf eingraviert war dasselbe Pulverfassabzeichen, das sie selbst trug, und der Name *Sonderkommandant Sabon.*

Sie merkte, wie sich ihr Gesicht zu einer Grimasse verzog.

Sabon. Der Mann, der sie vor neun Jahren als kleines Waisenmädchen mit einer unnatürlichen Vorliebe für Schusswaffen entdeckt und Feldmarschall Tamas angewiesen hatte, sie aufzuspüren. Der Mann, der wie ein Onkel für sie gewesen war – zwar genauso wie Tamas ein wenig distanziert, aber immer gewillt, ihr einen neuen Schießpulver-Trick zu zeigen oder nach Bedarf zwischen seinen Rollen als Freund und vorgesetzter Offizier hin und her zu wechseln.

Sie konnte sich immer noch daran erinnern, wie sie aus dem Fenster ihrer Kutsche geschaut und gesehen hatte, wie der erste Schuss des Hinterhalts Sabons Hirn über die Kiesauffahrt vor Charlemunds Villa verteilt hatte. Wenn sie ihre Augen schloss, konnte sie die Schreie der Soldaten hören, die von der ersten Salve getroffen worden waren, und sich daran erinnern, wie ihr Herz in ihren Ohren gehämmert hatte, während sie geflohen war und einen verwundeten Soldaten in Deckung gezerrt hatte.

Sie wünschte, dass sie Charlemund nicht gefangen genommen hätten. Dass er immer noch da draußen wäre, damit sie ihn finden und ihre Finger um seine Kehle legen und ihn für all die Leben, die sein Verrat gekostet hatte, büßen lassen konnte.

Sie wollte sich die nächsten paar Wochen freinehmen, um angemessen um Sabon zu trauern, aber diesen Luxus konnte sie sich nicht leisten. Nicht während eines Krieges. Das Beste, was sie tun konnte, war, eine vierstündige Totenwache an seinem Grab zu halten.

Das Quietschen des eisernen Friedhoftores brachte Vlora wieder zurück ins Hier und Jetzt. Als sie hochschaute, bemerkte sie eine Gestalt, die unmittelbar innerhalb der Mauern stand. Es handelte sich um einen großen Mann in seinen Sechzigern mit grauem Haar und einem Schnurrbart. Er trug eine Uniform, die abgesehen von den goldenen Epauletten auf seinen Schultern genauso aussah wie ihre, und einen Zweispitz unter dem Arm.

Vlora bemühte sich, nach außen hin ruhig zu wirken. Sabon war der engste Freund des Feldmarschalls gewesen, aber sie hatte erwartet, dass Tamas es vermeiden würde, das Grab während *ihrer* Wache zu besuchen.

»Guten Abend, Sir«, sagte Vlora.

Tamas antwortete nicht. Er blieb neben dem Grabmal stehen und schaute hinunter zu dem Erdhügel. Fast fünf Minuten lang verweilte er dort in stiller Andacht, still wie die Obelisken des Friedhofs, bevor er ihre Anwesenheit zu bemerken schien.

»Ich habe Arbeit für Sie, Captain«, sagte er knapp, ohne sie zu grüßen.

Das Verhältnis zwischen ihnen beiden war mehr als angespannt, seit ihre Verlobung mit Tamas' Sohn aufgelöst worden war. Sie hatte diese Schroffheit erwartet, trotzdem versetzte sie ihr einen Stich. Dass ein Mann, den sie einst als ihren Adoptivvater betrachtet hatte, sich ihr gegenüber selbst unter vier Augen so kalt verhielt, verschaffte Vlora schlaflose Nächte.

»Sir?«, fragte sie.

»Morgen früh ziehe ich an die Front«, sagte er.

»Ich werde gepackt und bereit sein.«

»Sie bleiben erst mal hier.«

Vlora schluckte. Das hörte sich nicht gut an.

»Beim Kampf in der Villa ist eine Prielight-Wache entkommen.« Tamas warf einen Blick hinunter zu dem Grab. »Ein Mann namens Wohler.«

»Jawohl, Sir.«

»Wohler hat vor, dem Feind alle Informationen zukommen zu lassen, die Charlemund bei den Sitzungen meines Rats gesammelt hat, einschließlich unserer Truppenbewegungen und Versorgungspläne. Wir sind nicht ganz sicher, wie viele Dokumente er zusammentragen konnte, aber wir wissen, dass sie von gewissem Wert sind. Ich will, dass Sie ihn finden. Nehmen Sie ihn gefangen. Stellen Sie diese Informationen sicher und stoßen Sie dann in einer Woche zu uns an die Front.«

»Sind Sie sicher, dass Sie diese Aufgabe mir geben wollen, Sir?« Vlora machte sich keine Illusionen. Sie war eine von Tamas' besten Pulvermagiern und von unschätzbarem Wert auf dem Schlachtfeld. Sie Spione jagen zu lassen, erschien ihr als eine Vergeudung ihrer Talente.

Tamas ballte beide Hände zu Fäusten. »Taniel liegt im Koma. Im Süden steht der Feind vor unseren Toren. Ich ertrage deinen Anblick kaum, und trotzdem bin ich hier. *Ja*, es ist wichtig.«

Vlora vermied es, ihm in die Augen zu schauen. »Jawohl, Sir. Der Hinterhalt bei der Villa war vor einer Woche. Wohler hat vielleicht bereits das Land verlassen.«

Tamas brachte sich sichtbar wieder unter Kontrolle. »Unsere Grenzen sind abgeriegelt, und Wohler ist ein vorsichtiger Mann. Er wird abwarten, bis die Kampfhandlungen beginnen, damit er sich in dem Chaos über die Grenze schleichen kann.« Vlora öffnete den Mund, aber Tamas schien ihre nächste Frage vorausgeahnt zu haben. »Es ist wichtig«, sagte er, »aber ich kann niemanden sonst erübrigen. Sie sind vollkommen auf sich allein gestellt.«

Vlora rechnete im Kopf. Wenn er wollte, dass sie in einer Woche bei ihm an der Front wäre, hatte sie nur drei Tage Zeit, Wohler zu finden. »Was passiert, wenn ich versage?«

»Dann ist es eben so«, erwiderte Tamas nur. »Der Krieg wird weitergehen, und der Feind wird einen weiteren Vorteil haben.« Tamas machte auf dem Absatz kehrt und ließ Vlora alleine zurück, damit sie ihre Totenwache auf dem Friedhof zu Ende bringen konnte.

Sie schaute ihm nach und mühte sich, ihren Atem unter Kontrolle zu bringen. Sie hatte drei Tage Zeit, bis sie zur Front aufbräche, wo sie entweder mit einer neuen Kerbe an ihrem Gewehrkolben oder mit leeren Händen ankommen würde.

Diese Mission würde ihr die Chance geben, reinen Tisch zu machen nach den Ereignissen in der Villa und Sabons Tod eine Bedeutung zu geben. Wenn sie Tamas richtig einschätzte – und sie kannte ihn seit vielen Jahren –, dann war das hier ein Friedensangebot. Vielleicht eine Art Test, eine Gelegenheit, sein Wohlwollen zurückzugewinnen.

Sie durfte nicht versagen.

✦

Vlora konnte die Menschen, die sie als Freunde betrachtete, an einer Hand abzählen. Als Kind war sie eine Einzelgängerin gewesen, und in ihren Teenagerjahren hatte sie nie wirklich jemanden außer Taniel gebraucht. Es war vier Uhr nachts, genau vierundzwanzig Stunden nachdem sie ihre Mission erhalten hatte, und sie wünschte, sie hätte ein wenig mehr Zeit damit verbracht, andere Beziehungen aufzubauen.

Sie hatte den gesamten letzten Tag damit verschwendet, die Stadt nach irgendeinem Anzeichen von Wohler zu durchkämmen, nur um herauszufinden, dass er – genau wie sie – keine Freunde hatte in Adopest. Alle seine bekannten Partner waren Mitglieder von Charlemunds Wache gewesen und waren jetzt entweder tot oder in Gefangenschaft, und keiner der Gefangenen wusste, wo er möglicherweise untergetaucht sein könnte. Seine Frau und seine Familie lebten in Brudania. Vlora war jeder Spur nachgegangen, die ihr in den Sinn gekommen war.

Deshalb war sie jetzt in der Offiziersmesse im Stadtzentrum von Adopest. Es herrschte überraschend viel Betrieb in der Messe zu dieser frühen Stunde. Die meisten Offiziere hatten ihre Befehle, innerhalb der nächsten vierundzwanzig Stunden an die Front zu fahren. Der Saal war erfüllt von angetrunkenem Gelächter, hitzigen Diskussionen und Glücksspiel – die Soldaten genossen ihre letzten freien Stunden, bevor sie sich auf den Weg zur Front machten.

An den Tischen, die der Tür am nächsten waren, wurde es still, als Vlora vorbeiging. Sie tat so, als würde sie es nicht bemerken, schenkte ein paar der Männer ein dünnes Lächeln und begab sich zur Bar, wo der Barkeeper einen Blick auf ihr silbernes Pulverfassabzeichen warf, bevor er ihr ein Bier einschenkte.

Sie drehte sich um und lehnte sich gegen die Theke, dabei ließ sie ihren Blick durch den großen Saal mit seiner gewölbten Decke, den blutroten Vorhängen und weißen Tischtüchern schweifen. Er wurde von einem halben Dutzend Kronleuchtern beleuchtet, und die Kamine knisterten, um die Kühle des herannahenden Sturmes zu vertreiben.

An mehr als einem der Tische in ihrer Nähe bemerkten die dort sitzenden Offiziere ihren Blick und zogen freie Stühle demonstrativ an den Tisch heran oder starrten sie sogar offen feindselig an.

Sie redete sich ein, dass sie es nicht wert waren. Sie hatte eine Mission zu erledigen und würde sich durch nichts davon ablenken lassen.

Sie fand die Person, die sie suchte, am anderen Ende des Saales, wo sie mit einem offenen Buch in der Hand allein an einem kleinen Tisch saß. Vlora trank ihr Bier aus, bestellte zwei weitere und bahnte sich dann ihren Weg an den Tischen vorbei.

Oberst Verundish war eine attraktive Frau mit schwarzer Haut und langem, glattem schwarzem Haar. Sie trug ein weißes Hemd, bei dem der Kragen und die Manschetten aufgeknöpft waren, und ihre Uniformjacke hing über der Stuhllehne. Sie schaute Vlora über ihr Buch hinweg an, als diese sich auf den freien Stuhl setzte und beide Biergläser auf dem Tisch abstellte.

»Hi Verie«, sagte Vlora.

»Für Sie immer noch Oberst Verundish, Captain«, antwortete Verundish kalt. Ihre Augen wanderten zurück zu dem Buch in ihren Händen.

Das hatte wehgetan. Vlora schloss die Augen und nahm einen tiefen Atemzug, um den Drang zu bekämpfen, wegzulaufen. Wäre es so schlimm, wenn sie diese Mission nicht erfüllen konnte? Tamas hätte ihr doch sicher mehr Männer zur Verfügung gestellt, wenn er wirklich dachte, dass Wohler im Besitz von wichtigen Informationen war.

Würde sie überhaupt die Anerkennung bekommen, die sie wollte, wenn sie Erfolg hatte?

Aufzugeben, wäre der leichte Ausweg. Tamas würde nur noch weniger von ihr halten und – vielleicht noch wichtiger – sie auch von sich selbst.

»Oberst Verundish«, sagte Vlora, »ich brauche Ihre Hilfe.«

Verundish blätterte um. »Ich bin überrascht, dass Sie hier aufkreuzen, nach dem, was Sie Taniel angetan haben.«

»Es wäre wohl zu viel des Guten, wenn irgendjemand in dieser Kresimir-verdammten Armee *nicht* davon gehört hätte.«

»Dass Sie den Sohn des Feldmarschalls betrogen haben? Den Lieblingspulvermagier der gesamten Armee, der auch noch zufälligerweise gerade um sein Leben ringt?« Verundish schnaubte.

Vlora starrte ihr Glas an und spürte, wie die Wut in ihren Adern hochkochte. Das hier war reine Zeitverschwendung. Sie hatte hier keine Freunde. »Nicht, dass das irgendjemanden einen Scheiß angeht.« Ihre Stimme wurde sehr laut am Ende, und Vlora merkte, dass sie sich am Rand des Tisches festkrallte. Sie zitterte.

Ihr Ausbruch zog genügend Blicke auf sich, um Vloras Wangen rot werden zu lassen. Sie stand auf. »Aber ja«, fuhr sie ruhig fort, »das habe ich getan. Es war ein dummer, unreifer Fehler, der mich den Respekt jeder Person gekostet hat, die mir etwas bedeutet.« Sie wandte sich zum Gehen.

Verundish seufzte und legte ihr Buch ab. »Setzen Sie sich.«

»Nein, ist schon in Ordnung«, sagte Vlora. »Vergessen Sie, dass ich je hier war.«

»Setzen. Sie. Sich.«

Wider ihre bessere Überzeugung setzte sich Vlora wieder auf ihren Stuhl. Sie griff sich ihr Glas, um nicht vor Wut zu zittern.

Verundish bemerkte das zusätzliche Bier, das Vlora ihr mitgebracht hatte, und hob das Glas. »Jeder macht Fehler«, sagte sie. Sie stieß einen Seufzer aus, und ihre kalte Haltung gegenüber Vlora wurde ein wenig wärmer. »Ich habe selbst einige begangen. Was brauchen Sie?«

Vlora stürzte den Rest ihres zweiten Bieres hinunter, um sich etwas Mut anzutrinken. »Ich suche nach jemandem«, sagte sie. »Nach einer Prielight-Wache namens Captain Wohler.«

»Klingt vertraut.«

»Das sollte es. Er war der Anführer von Charlemunds persönlicher Garde.«

Bei dem Namen drehte Verundish sich um und spuckte auf den Boden. »Verdammter Verräter.«

»Da stimme ich zu«, sagte Vlora. »Wohler ist aus der Villa entkommen und ist im Besitz einer ganzen Menge an Informationen, die er dem Feind übergeben will. Ich habe drei – nein, zwei Tage Zeit, um ihn zu finden und gefangen zu nehmen.«

Verundish blätterte beiläufig mit den Fingern ihrer rechten Hand in ihrem Buch herum, während sie mit denen ihrer linken gegen ihr

Glas trommelte. »Ich weiß nicht, wo er ist«, sagte sie. »Und glauben Sie mir, ich würde es Ihnen erzählen, wenn ich es wüsste. Jeder in diesem Saal will einen von Charlemunds Männern in die Finger kriegen nach dem, was mit Kommandant Sabon passiert ist. Alle, die entkommen sind, halten sich bedeckt.«

»Scheiße«, sagte Vlora.

»Ich würde schätzen, dass sich die Prielight-Wachen in irgendeinem Kirchenkeller verstecken. Vielleicht sogar in der Kresim-Kathedrale. Irgendwo, wo sie Zuflucht finden.«

»Sie meinen, die sind alle auf einem Haufen?«

»Würden Sie sich nicht zusammentun, wenn die Stadt auf einmal zu feindlichem Gebiet wird?«

»Nein«, sagte Vlora. »Ich würde alles, was ich besitze, zurücklassen und mich verstecken, indem ich mich unters Volk mische.«

»Nun, Sie wurden ja auch von Tamas ausgebildet. Normale Leute denken nicht so. Normale Leute sind wie Schafe. Sie rotten sich zusammen.«

Vlora nickte unbefriedigt. Wenn Wohler sich mit einer Gruppe seiner Kameraden versteckte, würde er vielleicht leichter zu finden sein, aber ihn gefangen zu nehmen, würde eine vollkommen andere Herausforderung darstellen.

»Wann brechen Sie zur Front auf?«, fragte Vlora.

Verundish schüttelte den Kopf. »Nicht in absehbarer Zeit. Ich habe einen Spezialauftrag mit ein paar Trupps. Ich bleibe in der Stadt.«

»Wenn ich es schaffe, Wohler zu finden«, fragte Vlora, plötzlich hoffnungsvoll, »könnten Sie mir dann einen Trupp Ihrer Männer abstellen, um ihn festzunehmen?«

Verundish dachte einen Moment darüber nach, dann griff sie hinter sich und hielt die Schulter ihrer Uniformjacke hoch. »Sehen Sie das?« An der Jacke heftete ein Abzeichen, auf dem ein Winkelstreifen mit einem Pulverhorn darunter zu sehen war. Vlora hatte es schon ein paarmal gesehen, wusste aber nicht, was es bedeutete.

»Ich bin ein Teil der neuen Riflejacks von Captain Olem«, sagte Verundish. »Eine Sonderkompanie, die Feldmarschall Tamas direkt unterstellt ist. Ich kann diese Männer nicht von ihren Pflichten entheben.« Sie hielt inne und stieß ein leises Lachen aus. »Es sei denn, Sie haben fünfundsiebzigtausend Krana dabei.«

»Fünfundsiebzig?«, fragte Vlora. »Das ist also Ihr Preis, was?«

Verundish wedelte mit ihrem Glas. »Jeder hat einen Preis.« Sie hielt inne, wartete einen Augenblick, dann gluckste sie. »Ich mache nur Witze.«

Vlora hatte das Gefühl, dass das nicht ganz stimmte. Aber selbst wenn Verundish es ernst gemeint hätte, wo sollte Vlora so viel Geld herbekommen?

»Ich meine es ernst«, sagte Verundish. »Ich wünschte, ich könnte Ihnen helfen.«

Vlora fluchte leise. Verundish war ihre beste Chance gewesen. Sonst gab es niemanden, der ihr ohne einen direkten Befehl von Tamas helfen würde, und er hatte klargestellt, dass sie von ihm keine Hilfe bekommen würde. Was bedeutete, dass sie eine Kompanie von Prielight-Wachen ausfindig machen und sich durch sie hindurchkämpfen musste, um eine Hoffnung zu haben, Wohler zu finden. Selbst für einen Pulvermagier klang das nach Selbstmord.

»Tja.« Vlora tippte gegen ihr leeres Glas. »Das wünschte ich auch. Ich mache mich wohl besser auf den Weg. Danke trotzdem.«

»Warten Sie«, sagte Verundish.

Vlora hielt mitten im Aufstehen inne, dann setzte sie sich wieder hin.

»Er wird Ihnen wahrscheinlich keine Männer geben können«, sagte Verundish, »aber wenn irgendjemand herausfinden kann, wo sich die Prielights verstecken, ist das Captain Olem. Ich würde vorschlagen, dass Sie zu ihm gehen.«

»Olem? Er ist Tamas' persönlicher Leibwächter. Sie glauben, *er* würde *mir* helfen?«

Verundish zuckte mit den Schultern. »Olem ist ein guter Mann. Versuchen Sie es. Fragen tut niemandem weh.«

Doch, dachte sich Vlora. *Doch, das tut es.* Sie hob den Kopf, um den Saal abzusuchen. »Ist er hier?«

»Zur Grube, nein. Olem mag keine Offiziersmessen. Er fühlt sich dort unwohl. Sie werden ihn im *Kichernden Schweinchen* auf Flatfoot Lane finden.«

»Das ist der schlechteste Name für eine Kneipe, den ich je gehört habe.«

»Es ist keine Kneipe. Es ist ein Bordell.«

Natürlich. Wo die regulären Infanteristen ihre Zeit verbrachten. Vlora öffnete den Mund, um anzumerken, dass es viel zu früh sei, als sie sich daran erinnerte, dass Olems Begabung – seine geringe magische Fähigkeit – es ihm erlaubte, ohne Schlaf auszukommen, ein Umstand, der ihn zum perfekten Leibwächter für Tamas machte.

Vlora versuchte, sich eine andere Ausrede einfallen zu lassen, um Olem nicht um Hilfe bitten zu müssen, als sie eine Hand auf ihrer Schulter spürte. Sie schaute hoch, und dann noch ein wenig höher in das aufgedunsene, rote Gesicht eines Majors, der die adronischblaue Uniform mit den roten Streifen eines Dragoners trug. Die Jacke des Mannes war aufgeknöpft, und er roch nach Whiskey und Schweiß. Vlora versuchte, sich an seinen Namen zu erinnern. Emerson. Major Emerson.

»Captain Vlora, Sie sind hier nicht willkommen«, sagte er. Er machte Pausen zwischen den Worten, damit er sie nicht verschluckte.

Vlora öffnete den Mund. Sie wollte gerade sagen, dass sie sich jetzt ohnehin auf den Weg machen wollte, aber ein Anflug von Wut durchbrach ihre sorgfältig bemessene Ruhe. Sie fühlte ihr Augenlid zucken. Sie würde sich so etwas von Taniels Familie und engsten Freunden bieten lassen, aber Emerson gehörte nicht dazu. Er war nur irgendein Idiot, der versuchte, sich beim Feldmarschall einzuschleimen, indem er sie öffentlich demütigte.

»Tut mir leid«, sagte sie, »aber ich bin ein Offizier der adronischen Armee. Ich bin hier genauso willkommen wie Sie.«

Emerson richtete sich zu seiner vollen Größe auf. »Ich werde Ihnen zeigen, wo die Tür ist.«

»Nein.« Vlora schaute demonstrativ zu der Hand auf ihrer Schulter. »Das werden Sie nicht.« Sie holte eine Pulverladung aus ihrer

Tasche und biss in das Ende; der Schwefelgeschmack des Pulvers breitete sich auf ihrer Zunge aus. Energie durchströmte sie, und sie erlebte einen starken Rausch, als ihre Sinne versuchten, jeden Geruch, jedes Geräusch und jeden Anblick im Saal gleichzeitig wahrzunehmen. Sie brachte die Pulvertrance mental unter Kontrolle und starrte hoch zu dem Major.

»Ich habe gesagt, Sie sollen gehen«, lallte Emerson.

»Ich werde gehen, wenn ich mich verdammt noch mal dazu entscheide.«

»Ich bin Ihr vorgesetzter Offizier«, sagte Emerson. »Ich befehle Ihnen, zu gehen.«

»Und ich bin eine Pulvermagierin. Feldmarschall Tamas ist mein vorgesetzter Offizier. Nehmen Sie Ihre Hand weg, sonst entferne ich sie selbst.«

Während des gesamten Wortwechsels war Verundish still geblieben. Bei Vloras Drohung stand sie auf und nahm Emerson am Arm. »Setzen Sie sich hin, Major«, sagte sie. »Sie sind betrunken.«

Emerson riss seinen Arm aus Verundishs Griff los und krallte sich stärker an Vloras Schulter fest. Sein gesamter Körper bebte. »Gehen Sie jetzt, sonst setze ich Sie eigenhändig vor die Tür.«

Vlora streckte ihre Hand aus und packte Emerson vorne am Hemd. Sie trat ihm mit einem Fuß das Knie zur Seite weg und knallte sein Gesicht mit genügend Wucht auf den Tisch, um einen Ochsen umzuhauen. Mit einem betrunkenen Schrei prallte er wieder hoch; irgendwie war er noch bei Bewusstsein und versuchte, nach ihr zu greifen.

Vlora sprang auf, packte Emerson mit beiden Händen am Kragen und zog ihn auf die Füße, dann warf sie ihn mit voller Wucht auf den Tisch. Sie war zwar nur halb so groß wie er, aber in ihrer Pulvertrance würde sie es auch mit fünf Männern wie ihm aufnehmen können. Die zweite Abreibung hatte ihm den Rest gegeben.

»Vlora«, sagte Verundish scharf.

Vloras Hände krallten sich in Emersons Jacke, und ihre Arme zitterten vor Rage. Sie sah fast nichts mehr außer rot.

»Vlora«, wiederholte Verundish lauter.

Vlora atmete aus; sie ließ Emerson los und stolperte zurück. Der ganze Saal starrte sie an. Sie hatte einen Offizier angegriffen, vor Dutzenden von Zeugen. Selbst wenn sie in Tamas' Gunst stand, wäre sie womöglich nicht damit durchgekommen. Und so wie die Dinge jetzt standen …

Verundish fasste sie am Arm. »Sie sollten ein wenig Luft schnappen«, sagte sie.

»Ja«, murmelte Vlora. Sie fühlte sich plötzlich sehr klein und weit weg, so als würde sie ihre Taten von einem anderen Ort und einer anderen Zeit aus beobachten. Wie hatte sie sich nur so provozieren lassen können?

Vlora ließ sich zur Tür geleiten, wo Verundish sie bei den Schultern fasste und sie zwang, ihr in die Augen zu schauen. »Ich werde sehen, was ich tun kann, um das hier zu regeln. Gehen Sie. Machen Sie sich keine Sorgen um diesen Mist. Sie haben einen Job zu erledigen. Wenn Ihnen irgendjemand dabei helfen kann, Wohler zu finden, dann Olem. Sagen Sie ihm, dass ich Sie geschickt habe.«

✦

Das *Kichernde Schweinchen* war ein großes Bordell, das direkt nördlich des Adopester Hafens gelegen war, wo der Fluss Ad in die Adsee floss. Vlora hatte schon einige zwielichtige Teile der Stadt gesehen – als sie mit Taniel auf Entdeckungstour oder im Auftrag von Tamas unterwegs gewesen war –, aber sie blieb normalerweise auf der Straße. Sie musste nur die Tür öffnen, um zu wissen, dass das hier eine ganz neue Erfahrung werden würde.

Im großen Gemeinschaftsraum lagen Soldaten mit Prostituierten beider Geschlechter herum, manche mehr, manche weniger bekleidet. Genauso wie die Offiziere zog es die Infanterie vor, sich am Abend ausgiebig zu vergnügen, wenn sie wussten, dass sie am nächsten Tag an die Front fahren würden. Der Alkohol floss in rauen Mengen, und überall klapperten die Würfel. Lautes Lachen erfüllte den Raum, und es roch nach Bier und Sex.

Vlora nahm einen tiefen Atemzug frischer Luft von draußen und trat ein. Sie hatte halb erwartet, dass der gesamte Raum erstarrte und sich zu ihr umdrehte, so wie in einer Komödie, wenn der Bösewicht die Bühne betrat. Aber die einzige Person, die sie zu bemerken schien, war eine kleine, alte Frau, die ein grob gewebtes Kleid und eine Schürze trug.

Die Frau neigte ihren Kopf zu einem halben Knicks, wobei sie Vloras Rangabzeichen und den Pulverfassanstecker mit scharfen Augen aufnahm. »Guten Abend, Captain«, sagte sie. »Ich heiße Madame Gourina, willkommen im *Kichernden Schweinchen*. Wonach steht Ihnen an diesem Morgen der Sinn?«

Vlora leckte sich über die Lippen und fragte sich, wann sie das letzte Mal mit jemandem das Bett geteilt hatte. Oh, richtig. Mit diesem Arschloch, von dem sie sich hatte verführen lassen, weshalb sie überhaupt in diesem ganzen Schlamassel steckte. »Ich suche nach Captain Olem.«

»Und wer, soll ich sagen, sucht nach ihm?«

»Captain Vlora.«

Gourina schenkte ihr einen gequälten Blick. »Captain Olem? Nie gehört.«

»Wie bitte? Sie haben mich gerade gefragt …«

»Ich bin alt und nicht mehr ganz auf der Höhe, Captain. Bitte verzeihen Sie mir, ich habe Sie wohl beim ersten Mal nicht richtig verstanden. Nun, wenn es nichts gibt, was ich Ihnen bringen kann, muss ich mich wirklich um meine anderen Gäste kümmern.«

Vlora schnaubte. Eilte ihr ihr Ruf sogar in dieser Absteige voraus? Oder … »Sie können ihm ausrichten, dass es um Feldmarschall Tamas geht.«

Gourina schien hellhörig zu werden. »Ah, nun. Warum haben Sie das nicht gleich gesagt? Ich werde mal schauen, ob er da ist.«

Vlora wartete nicht, bis die alte Frau zurückkam, um sie zu holen. Sie folgte ihr zu einem der vielen Hinterzimmer und wedelte sich dabei den Pfeifenrauch aus dem Gesicht. Olem interessierte sich anscheinend nicht für Dinge, die nichts mit Tamas zu tun hatten. Nicht dass Vlora ihm das zum Vorwurf machte. Er war erst in den letzten paar Monaten zu Tamas' Leibwächter und Adjutanten befördert worden. Tamas hörte auf ihn, und das bedeutete, dass ihn wahrscheinlich jeder aufsuchte, der etwas von Tamas wollte.

Gourina ging am hinteren Ende des Raumes in einen Korridor, dann klopfte sie an eine Tür, bevor sie eintrat. Vlora schlich sich hinter ihr durch den Flur. Sie hatte ihre Befürchtungen, was sie drinnen erwarten würde, aber sie war schon so weit gekommen. Den Captain nackt zu sehen, würde sie schon nicht umbringen.

Sie war überrascht, einen recht großen Raum mit einem runden Tisch zu sehen, an dem ein halbes Dutzend Männer und Frauen leise Karten spielten. Der Raum wurde von einem Kamin und einer Handvoll Fackeln erhellt. Am Tisch saßen zwei Gefreite, ein Sergeant, zwei Leutnants und Captain Olem, der mit dem Rücken zum offenen Fenster saß. Eine Zigarette hing von seiner Unterlippe.

Olem war mittelgroß, Mitte dreißig und hatte ein angenehmes, jungenhaftes Gesicht, das seriöser wirkte durch den sauber gestutzten Bart, obwohl laut Militärvorschriften jegliche Gesichtsbehaarung abgesehen von einem Schnurrbart und Koteletten verboten war. Er hatte den Ruf, sehr beliebt unter seinen Soldaten zu sein – er speiste und verbrachte seine Freizeit lieber mit den Männern als mit den Offizieren, und natürlich war da seine Begabung, dank der er keinen Schlaf benötigte.

Vlora vermutete, dass er sehr viel Karten spielte.

Olem hatte den Kopf schief gelegt und hörte zu, was Madame Gourina ihm ins Ohr flüsterte. Er warf einen Blick zu der Stelle im Flur, wo Vlora wartete. Ein Lächeln huschte über sein Gesicht – die Art, die man bekam, wenn man sich in Gedanken selbst einen Witz erzählte –, und er hob die Hand, um Vlora mit einer Geste hereinzubitten.

Vlora schob sich an Gourina vorbei.

»Bier für den Captain«, rief Olem Gourina hinterher, als die Madame den Raum verließ. »Es sei denn, Sie wollen etwas anderes? Ich würde den starländischen Wodka nicht empfehlen. Schmeckt wie Trollpisse.«

»Bier ist gut«, sagte Vlora. »Vielen Dank.«

Das Kartenspiel war unterbrochen. Sechs Paar Augen starrten sie erwartungsvoll an, und Vlora hatte plötzlich Angst, dass sich die Szene in der Offiziersmesse wiederholen würde. Olem brach das Schweigen. »Lust, mitzuspielen?«

Einer der Leutnants, eine Frau mittleren Alters mit kurzen Haaren, räusperte sich. »Der Tisch ist voll.«

»Ein Stuhl passt noch dran«, sagte Olem und warf ihr einen bösen Blick zu.

»Nein danke, wirklich«, antwortete Vlora und starrte den Leutnant an. »Ich muss nur kurz mit Ihnen reden, wenn Sie erlauben.«

Olem nickte und hob einen Finger hoch. Er schaute seine Karten einen ausgedehnten, stillen Moment lang mit zusammengekniffenen Augen an, dann warf er eine davon aufgedeckt auf den Tisch.

»Verdammter Mist«, sagte der Sergeant und warf seine eigenen Karten angewidert ab.

Ein Hauch von einem Lächeln legte sich über Olems Gesicht. Er sammelte eine Handvoll Münzen von der Mitte des Tisches zusammen und häufte sie vor sich auf. »Zur nächsten Runde bin ich wieder da.«

Vlora folgte ihm hinaus auf den Flur, wo ihnen Madame Gourina beiden ein Glas Bier brachte. Die Gläser waren dreckig, und das Bier schmeckte bitter, aber irgendwie war es trotzdem besser als das, was sie in der Offiziersmesse getrunken hatte.

»Willkommen in meinem Büro.« Olem trat die Tür am anderen Ende des Flurs auf. Er hielt inne, verzog das Gesicht und sagte: »Gehen wir lieber den Gang runter.«

Vlora konnte gerade noch einen Hauch von irgendeinem ekelerregenden Gestank erschnuppern, bevor sie Olem in ein leeres Zimmer am Ende des Korridors folgte. Er öffnete das Fenster und aschte seine Zigarette nach draußen ab, dann setzte er sich auf das zerwühlte Bett und bedeutete Vlora, sich auf den Stuhl zu setzen.

»Danke.« Vlora nippte an ihrem Bier. »Wissen Sie, ich hätte eigentlich Besseres erwartet von einem Mann mit Ihrem Ruf.«

Olem zog die Augenbrauen hoch, und sofort verfluchte Vlora sich im Stillen.

»Tut mir leid«, sagte sie schnell. Pulvermagier wurden nicht betrunken, zumindest nicht wie andere Leute. Aber das bedeutete nicht, dass das dritte Bier eine gute Idee gewesen war. »Das kam nicht so raus, wie es sollte.« Sie spürte, dass sie wieder rot wurde. Und wieder war sie dabei, Zeit zu verschwenden. Tamas' Worte waren deutlich gewesen – sie würde keine Hilfe bekommen. Es hatte keinen Sinn, überhaupt danach zu fragen. »Tut mir leid, ich sollte gehen ...«

Ein Anflug von einem Lächeln kräuselte sich um Olems Lippen. »Nein, nein. Ich bin neugierig, was Sie hier vorhaben.«

»Schauen Sie, es tut mir leid, es ist nur ...« Sie verstummte.

»Reden Sie weiter«, sagte Olem. Sein Lächeln wurde breiter. Sie hatte erwartet, dass es irgendwann zu einem fiesen oder herablassenden Lächeln werden würde, aber etwas in seinen Augen verriet ihr, dass er mit ihr lachte und nicht über sie.

Vlora schaute sich um. Nun, sie hatte es bereits bis hierher geschafft, oder nicht? Dann konnte sie sich ihr eigenes Grab ruhig noch ein wenig tiefer schaufeln. »Das Bordell. Sie haben den Ruf, ein Gentleman zu sein. Und Ihre, ähm, Angelegenheiten privat zu halten.« Zur Grube, sie wusste nicht einmal, ob er verheiratet war.

»Ich komme hierher wegen der Gesellschaft, nicht wegen der Huren«, sagte Olem.

»Ich dachte, an einem Ort wie diesem *wären* die Huren die Gesellschaft.«

»Es sind bessere Menschen, als Sie glauben, aber ich bin hier wegen der Infanteristen. Es macht viel mehr Spaß, mit den Leuten in dem Raum da drüben«, er zeigte mit dem Kopf in die Richtung, »zu spielen als mit irgendjemandem in der Offiziersmesse. Klar, es gibt Ausnahmen, aber ...«

»So wie Oberst Verundish?«

Olem nickte. »So wie Verundish. Sie kennen sie?«

»Wir sind seit ein paar Jahren befreundet. Sie hat mich unter ihre Fittiche genommen, als ich angefangen habe, mich ernsthaft für ein Soldatenleben zu interessieren. Tatsächlich war sie es, die vorgeschlagen hat, dass ich mich an Sie wende.«

»Oh? Und was für Hilfe benötigen Sie genau?«

Er stellte es nicht einmal infrage, dass sie zu ihm gekommen war, obwohl er von allen am besten wusste, dass Tamas überhaupt nicht gut auf sie zu sprechen war. Vlora dankte ihm still dafür. »Ich habe die Mission, einen Mann namens Wohler ausfindig zu machen. Er war bis zu den Ereignissen bei der Villa der Anführer von Charlemunds persönlicher Garde, und jetzt ist er auf der Flucht. Tamas will, dass er geschnappt wird.«

»Und der Feldmarschall hat Sie zu mir geschickt?«

»Nein, das war Verundish. Tamas, nun, er hat klargestellt, dass ich keine weitere Hilfe bekommen würde.«

Olem zog eine Augenbraue hoch. »Oh?«

»Schauen Sie, wenn Verundish nicht gewesen wäre, wäre ich nie hierhergekommen. Sie hat gesagt, Sie wüssten vielleicht, wo sich die Wachen in der Stadt versteckt halten. Wenn ich ehrlich bin, habe ich keine Ahnung, wo ich anfangen soll, und …«

»Und?«, drängte sie Olem.

»Und in zwei Tagen muss ich die Stadt verlassen, um zu Tamas an die Front zu fahren. Wenn ich versage, entkommt Wohler.«

Olem zog an seiner Zigarette, bemerkte, dass sie ausgegangen war und zündete sie mit einem Streichholz wieder an. Der Rauch kroch ihm aus den Nasenlöchern, er hatte die Augen zusammengekniffen und starrte gedankenverloren auf einen Punkt über Vloras Schulter. Die Stille zog sich über fast eine Minute dahin, während er starke Züge nahm und seine Zigarette bis zu den Fingerspitzen aufrauchte, bevor er sie wegwarf.

»Schauen Sie«, sagte Vlora, um die Stille zu durchbrechen. »Ich will Sie nicht in die Position bringen, gegen Tamas zu handeln.«

»Dieser Wohler«, begann Olem, als hätte er sie nicht gehört. »Haben Sie nach irgendwelchen Freunden oder Bekannten von ihm gefragt, die er in der Stadt vielleicht kennt?«

»Ja«, erwiderte Vlora. »Ich habe seine gefangenen Kameraden befragt und mich bei einem Dutzend verschiedener Kapellen nach ihm erkundigt. Er hat niemanden, bei dem er untertauchen könnte.«

»Jeder hat irgendjemanden«, grübelte Olem.

»Nicht jeder«, sagte Vlora leise.

Olem warf ihr einen Blick aus dem Augenwinkel zu. Sie würde ihn hassen, falls da Mitleid in seinen Augen lag, aber er rollte einfach nur eine neue Zigarette und hielt sie ihr hin.

»Ich rauche nicht«, sagte sie.

Er zuckte mit den Schultern und zündete sie für sich selbst an. Er starrte einen Moment lang an die Decke, bevor sich sein Gesicht aufhellte. »Er war Teil eines bewaffneten Gefolges, tausend Meilen von zu Hause entfernt. Der Mann wird eine Geliebte haben.«

»Meinen Sie?«

»Er ist ein Captain der Prielight-Wachen. Er hat definitiv das nötige Geld. Wenn er nicht mit irgendjemandem trinkt oder spielt, dann muss er irgendwo in der Stadt eine Geliebte haben.«

Das ergab Sinn. Vlora nickte langsam; ein Anflug von Erleichterung machte sich in ihrem Magen breit. »Einen Versuch ist es wert. Ich werde mich umhören.«

»Sie werden Hilfe brauchen«, sagte Olem. »Zwei Tage sind nicht viel Zeit. Wir fangen besser direkt an.« Er verließ das Zimmer, bevor sie ein weiteres Wort sagen konnte.

Olem war zurück ins Kartenspielzimmer gegangen und sammelte seine Münzen ein. »Ich bin fertig für heute Nacht, Freunde«, sagte er. »Die Pflicht ruft.«

»Morgen Nacht?«, fragte der Sergeant.

»Hab ich vor. Ich sage Bescheid, falls ich verhindert bin. Wir sehen uns dann morgen. Und Filly, hör auf, dir jedes Mal in den Zähnen herumzupulen, wenn du eine beschissene Hand hast.«

Die Gruppe lachte, und Olem ging wieder raus auf den Gang und zog die Tür hinter sich zu.

»Sie müssen Ihr Spiel nicht unterbrechen«, sagte Vlora.

»Das hier klingt wichtiger«, antwortete er.

»Ich meine es ernst, ich schaffe das auch alleine. Mir wurde gesagt, dass ich keine Hilfe bekommen werde.«

Olem zuckte mit den Schultern. »Dann wird es halt inoffiziell sein.

Zu zweit sind die Dinge immer leichter. Lassen Sie uns rausfinden, wo Wohler die Füße hochlegt.«

✦

Sechs Stunden später stand Vlora in einem Türeingang auf der gegenüberliegenden Straßenseite von einem Schusterladen in einem der wohlhabenderen Teile von West Laden, einem Stadtteil von Adopest. Sie hatte seit fast zweieinhalb Tagen nicht mehr geschlafen. Ihre Hände zitterten, und ihre Augenlider fühlten sich mit jeder Minute schwerer an, und sie musste immer mehr Pulver pro Stunde zu sich nehmen, um nicht umzukippen.

Wie sich herausstellte, gehörte der Schusterladen der Geliebten. Nur eine der gefangenen Kirchenwachen hatte von ihr gewusst und hatte die Information nur ungern preisgegeben. Olem hatte Überzeugungsarbeit geleistet.

Vlora wünschte sich nichts mehr, als die Tür einzutreten und hineinzustürmen, aber Olem hatte darauf bestanden, vernünftig vorzugehen, und war losgelaufen, um sich mit einem weiteren seiner Freunde zu treffen.

Sie schaute auf ihre Taschenuhr. Zehn nach Mittag. Sie würde Olem noch fünfzehn Minuten geben, bevor sie reinginge.

Es herrschte dichter Nachmittagsverkehr, da jeder versuchte, seine täglichen Botengänge zu erledigen, bevor der Sturm, der sich seit fast zwei Tagen ankündigte, endlich losginge. Vlora wusste, dass es ein heftiger Sturm werden würde, mit dichten, strömenden Regenfällen, die den Monsunen in Gurla in nichts nachstanden. Die alten Soldaten nannten es einen Jahrhundertregen.

Mehr als eine Kompanie adronischer Soldaten kamen auf ihrem Weg raus aus der Stadt an ihr vorbei. Niemand erkannte sie in ihrer zivilen Kleidung; sie hatte den Hut ins Gesicht gezogen und ihren Übermantel zugeknöpft, um sich vor dem Wind zu schützen. Vlora war dankbar dafür. Sie hatte nichts mehr gehört nach ihrer Auseinandersetzung mit Major Emerson, aber sie konnte sich nicht vorstellen, dass nicht mindestens eine formelle Rüge auf sie wartete, wenn sie sich das nächste Mal zum Dienst meldete. Würde Tamas sie ihres Ranges entheben?

Sie verscheuchte den Gedanken, als Olem aus der Menge auftauchte und zu ihr in den Türeingang kam. Er zückte ein gefaltetes Blatt Papier.

»Haftbefehl«, sagte er zur Erklärung. »Die neue Regierung schreibt vor, dass wir so einen Wisch dabeihaben, wenn wir das Haus eines Zivilisten betreten.«

Vlora war ungeduldig, sie wollte hinein in den Schusterladen, entweder um Wohler zu schnappen oder seine Geliebte zu befragen. »Wozu der Aufwand?«, fragte sie.

Olem wirkte verblüfft. »Wir sind keine Wilden. Wir wollen, dass uns die Leute vertrauen und nicht fürchten.« Er schnaubte. »Wie würde es Ihnen gefallen, wenn irgendjemand in Ihren Laden platzt, der genauso viel Recht dazu hat wie ein gewöhnlicher Dieb?«

»Mir würde es gar nicht gefallen, egal wie viel Recht jemand dazu hat«, sagte Vlora. »Aber ich platze gerne selbst hinein.«

»Zweierlei Maß«, gab Olem zurück. »Sind Sie bereit?«

Vlora knöpfte ihren Übermantel auf, sodass die zwei Pistolen und der Degen an ihrem Gürtel zum Vorschein kamen. Der Beule nach zu urteilen, die sie unter Olems Mantel ausmachte, vermutete sie, dass er dasselbe dabeihatte.

»Spüren Sie da drinnen Pulver?«, fragte Olem.

Vlora schloss ihre Augen und streckte ihre magischen Sinne zum Schusterladen aus. Sie tastete sich hinunter in den Keller und hoch in den ersten Stock, wo die Besitzerin wahrscheinlich wohnte. »Oben sind Pulverladungen«, sagte sie. »Könnte Wohler sein, könnte aber auch einfach nur eine Pistole sein, die seine Geliebte zum Selbstschutz hat. Falls einer von beiden versucht, sie zu benutzen, unterdrücke ich die Zündung. Bereit?«

Olem nickte, und Vlora ging vor auf die andere Straßenseite.

Eine Glocke ertönte, als Vlora die Tür aufdrückte. Das Erdgeschoss des Gebäudes bestand aus einem großen Raum mit zwei Fenstern zur Straßenseite und einer Treppe in der Ecke, die nach oben führte. Der Raum war eine Werkstatt mit Bänken und Regalen und Hunderten Paaren von Schuhen, die mehr oder weniger repariert und alle sorgfältig mit Namen und Datum markiert waren.

Eine Frau mit langem dunklem Haar, die eine Hose und eine Schürze trug, saß neben einer der Bänke mit einem Paar Schnürsenkel in der Hand. Sie schaute hoch, und ihr Willkommenswort erstarb auf ihren Lippen, als Vlora ihre Pistole zückte.

»Schusterin Karin?«, fragte Vlora.

Die Frau streckte die Hände in die Luft und stolperte nach hinten. Vlora machte einen Satz nach vorne; sie schnappte die Schusterin am Handgelenk und verdrehte ihr den Arm hinter den Rücken, dann schubste sie sie gegen eine der Werkbänke.

»Wo ist Wohler?«, forderte sie.

»Ich weiß nicht, von wem Sie reden!«

»Captain Wohler, wo ist er?«

Olem zog seine Pistole und rannte nach oben. Vlora hörte seine Schritte im oberen Stockwerk; sie hatte ihre Sinne auf das Pulver ausgerichtet, das sie vorhin gespürt hatte, und wartete darauf, den Schuss zu unterdrücken, falls jemand auf Olem lauerte. Olem kehrte einen Moment später zurück und schüttelte den Kopf.

Vlora lehnte sich vor, sodass ihr Mund direkt neben Karins Ohr war. »Wo«, fragte sie, »ist er?«

Die Frau schüttelte den Kopf. Sie zitterte.

»Lassen Sie sie los«, sagte Olem.

Vlora öffnete den Mund, um zu protestieren, aber Olems böser Blick ließ sie verstummen. Sie ließ Karins Handgelenk los und machte einen Schritt zurück. »Setzen Sie sich«, befahl sie ihr.

Karin setzte sich wieder hin und schaute zu den beiden hoch.

»Wir sind Soldaten der adronischen Armee«, sagte Olem sanft. »Ich bin Captain Olem, das hier ist Captain Vlora. Wir haben hier einen Haftbefehl für Captain Wohler.« Er holte das gefaltete Stück Papier aus seiner Tasche und reichte es Karin.

»Wenn Sie Soldaten sind, wieso tragen Sie dann keine Uniform?«

Vlora holte ihren Pulverfassanstecker hervor. Karin kniff die Augen zusammen. »Wie lautet die Anklage?«, fragte sie und reckte ihr

Kinn in die Höhe. Sie rieb sich das Handgelenk und warf Vlora einen finsteren Blick zu. Sie hatte sich offenbar von der groben Behandlung erholt und nahm sie Vlora jetzt übel.

»Hochverrat«, bellte Vlora.

»Er hat keinen Verrat begangen!«, sagte Karin. »Er hat es sich nicht ausgesucht, Teil von Charlemunds Wache zu sein. Es war eine Mission.«

»Und während dieser Mission hat er einen Hinterhalt geplant, in dem Dutzende adronische Soldaten ums Leben gekommen sind.«

»Ich glaube Ihnen nicht«, antwortete Karin.

»Vielleicht war es nur eine Mission«, sagte Olem mit ruhiger, besänftigender Stimme. »Aber jetzt ist er im Besitz von Dokumenten, die von nationaler Wichtigkeit sind und die Kriegsbemühungen entscheidend beeinträchtigen könnten. Wir müssen ihn finden und festnehmen.«

Vlora kaute auf der Innenseite ihrer Wange. Sie konnte sehen, welchen beruhigenden Effekt Olems Auftreten auf das Mädchen hatte. Vlora mühte sich nach Kräften, mit ruhigem Ton zu sprechen: »Wir würden ihn am liebsten lebendig festnehmen. Falls er versucht zu fliehen, können wir für seine Sicherheit nicht garantieren. Wissen Sie, wo er ist?«

Die Türglocke unterbrach, was auch immer Karin gerade sagen wollte.

»Wir haben geschlossen«, sagte Vlora über ihre Schulter hinweg. »Kommen Sie morgen wieder.« Sie warf einen kurzen Blick zur Tür, dann schaute sie wieder zurück zu Karin.

Karin starrte zum Eingang, also schaute Vlora noch mal genauer hin.

Dort stand ein Mann Anfang vierzig in einem Übermantel und einem Dreispitz. Er hatte ein Stück Brot in seinem Mund und einen Kuchen in einer Hand. Beim Anblick von Vlora und Olem machte er große Augen und griff mit seiner freien Hand nach seinem Degen.

»Es sind Tamas' Soldaten«, platzte es aus Karin heraus.

Vlora wirbelte herum und hob ihre Pistole, während Wohler den Kuchen nach Vlora warf und rückwärts aus der Tür sprang. Vlora wich dem fliegenden Backstück aus und nahm ihren Finger vom Abzug, als Wohler in dem mittäglichen Verkehr auf der Straße verschwand. Ohne einen Blick zurückzuwerfen, sprintete sie ihm hinterher.

Wegen des Windes und des heraufziehenden Sturmes hatten alle Regenschirme dabei und trugen Mäntel, weshalb Vlora Wohler sicher sofort aus den Augen verloren hätte, wenn sie nicht gesehen hätte, wie der Saum seines Mantels in der Gasse zu ihrer Linken verschwand. Sie rannte ihm hinterher, schnupfte ungeschickt etwas Pulver und schwang sich gerade noch rechtzeitig um die Ecke, um zu sehen, wie Wohler auf Höhe der nächsten Straße in die Menge rannte.

Sie sprintete ihm hinterher und hielt Ausschau nach seinem Hut und Übermantel. Vielleicht hätte er sie abgeschüttelt, wenn er angehalten und versucht hätte, in der Menge unterzutauchen, aber stattdessen rannte er weiter.

Und er war schnell, das musste sie ihm lassen. Er manövrierte sich durch die dichte Menschenmenge mit der gelernten Gewandtheit eines Leibwächters; er wurde kaum langsamer, obwohl die Leute Schulter an Schulter gingen.

Vlora walzte sich ihren Weg hindurch mit der Kraft eines Pulvermagiers und zog die Beschimpfungen der Leute auf sich.

Sie schloss zu Wohler auf, bis sie ihm direkt auf den Fersen war. Sie musste nur noch eine Person aus dem Weg schieben und …

Wohler wirbelte so schnell herum, dass Vlora nur ein instinktiver Sprung zurück das Leben rettete. Die Spitze seines Degens sauste bei seinen drei schnellen Schnitten nur Zentimeter an ihrer Kehle vorbei. Beim dritten Schnitt zog er zurück, und Vlora nutzte die Chance, um ihren eigenen Degen zu ziehen und anzugreifen.

Wohler parierte ihren Stoß, dann spießte er sie beinahe auf mit seinem Konter. Sie tauschten eine Reihe von Schlägen aus; Vlora wurde immer frustrierter, da ihr Vorteil an Stärke und Schnelligkeit nur dafür sorgte, dass sie so gerade mit ihm mithalten konnte. Eine Frau schrie und Männer brüllten, während sie und Wohler weiter aufeinander einhackten und den größer werdenden Kreis an Schaulustigen um sie herum ignorierten.

Tamas hatte ihr einmal gesagt, dass ein ausreichend begabter Fechter einen Pulvermagier zurückhalten konnte, aber sie hatte ihm nie geglaubt. Jetzt hatte sie die Gelegenheit, es mit eigenen Augen zu sehen. Sie versuchte immer wieder, die Pistole in ihrem Gürtel zu ziehen, aber jedes Mal, wenn ihre freie Hand zu nah heran wanderte, setzte Wohler sie mit einem Angriff unter Druck.

Vlora versuchte, seine Muster zu erkennen, seine Marotten zu durchschauen, irgendeine Schwachstelle auszumachen. Nichts funktionierte. Wohlers Fechttechnik schien sich alle paar Augenblicke zu ändern, und sie konnte nichts tun, außer mit ihm mitzuhalten. Sie konnte fühlen, wie sie schwächer wurde, die schlaflosen Tage raubten ihr die Geschwindigkeit und Konzentration. Jede Sekunde würde er die Oberhand gewinnen.

Wohler bewegte den Fuß nach hinten, und sie sah denselben Konter kommen, den er schon vor einem Moment angewendet hatte. Sie würde ihn die Bewegung zu Ende führen lassen und dann seinen Stoß parieren. Fast bellte sie einen Siegesschrei, als er ihre Attacke zur Seite abwehrte und nach vorne drängte.

Der Schrei kam, als Wohlers Klinge ihr die Hand bis zum Griff ihres Degens seitlich aufschlitzte und sie entwaffnete. Sie stolperte zurück und war gezwungen, seinem Folgestoß auszuweichen, und dann noch einem. Ihre freie Hand griff nach ihrer Pistole und zog sie, während sie fiel.

Wohler warf sich zur Seite in die Menge der Zuschauer, die sich um sie herum gebildet hatte. Vlora stieß einen Fluch aus und senkte ihre Pistole. Sie zwang sich, sich ihm hinterher in die Menge zu stürzen, und tastete nach einem Taschentuch, um es sich um ihre blutende Hand zu wickeln.

Sie hüpfte auf einen Bürgersteig in der Nähe, hakte sich mit ihrer unverletzten Hand um eine Straßenlaterne und zog sich hoch, um sich umzusehen.

Kein flatternder Übermantel, kein Hut, der sich hektisch bewegte und eine überhastete Flucht preisgab.

Sie hatte ihn verloren.

✦

Zurück in Karins Schusterladen fand Vlora Olem, wie er Stückchen eines Erdbeerkuchens von der Vorderseite seines Übermantels pickte. Er hatte einen frischen Handabdruck auf der Wange und einen missmutigen Ausdruck im Gesicht. Schuhe waren durch die Gegend geworfen und Ausstellungsbänke umgeschmissen worden. Es sah aus, als hätte ein Ringkampf stattgefunden.

Karin saß schmollend in der Ecke, sie hatte die Hände hinter dem Rücken zusammengebunden, und das Seil war am Bein einer Werkbank festgemacht.

»Was ist hier passiert?«, fragte Vlora.

»In dem Moment, als Sie Wohler hinterher sind, ist sie mir auf den Rücken gesprungen«, sagte Olem. Er hob einen Schuh auf und benutzte die Sohle, um sich Kuchenfüllung von der Schulter zu kratzen. »Danke übrigens, dass Sie dem Kuchen ausgewichen sind. Ich habe ihn mit meiner Brust aufgefangen. Wohler?«

»Hab ihn verloren.«

»Und ich bin froh darüber«, sagte Karin. »Er ist ein guter Mann.«

Vlora hielt ihre Hand hoch, die in ein blutiges Taschentuch eingewickelt war. »Ihr guter Mann hat gerade einen adronischen Soldaten angegriffen. Falls ich ihn noch mal sehe, werde ich ihm eine Kugel durchs Auge jagen.« Sie fing an, im Raum auf und ab zu laufen, wobei sie die herumliegenden Schuhe aus dem Weg trat. »Wo wird er hingegangen sein?«, forderte sie.

Karin zuckte mit den Schultern.

Vlora wollte ihr das selbstgefällige Grinsen mit einer Ohrfeige aus dem Gesicht wischen. Sie schaute zu Olem.

Er nahm sich die Kuchenform, in der unten noch ein paar Überreste des Kuchens steckten, und kratzte ein Stück mit seinen Fingern heraus. Er kaute nachdenklich, bevor er ihr den Kuchen anbot. Vlora schüttelte den Kopf.

»Wir werden von vorne anfangen müssen«, sagte Olem.

Vlora hörte auf, herumzulaufen. *Vielleicht nicht*, dachte sie. Sie ging zu Olem hinüber und nahm ihm die Kuchenform aus der Hand. »Halten Sie mich zurück«, flüsterte sie ihm zu.

Sie wirbelte herum und schleuderte den Kuchen gegen die Wand. »Nein, werden wir nicht«, sagte sie wütend. Sie zeigte auf Karin. »Wir haben sie. Wir bringen sie in die nächste Kaserne und lassen die Soldaten sie bearbeiten.« Sie fing an, auf Karin zuzugehen.

Olem legte ihr den Arm vor die Brust. »Bleiben Sie zurück, Captain.«

»Wir werden herausfinden, wo er ist«, sagte Vlora. »Sie weiß es. Sie muss es wissen.«

»So laufen die Dinge nicht.« Olem spannte die Schultern an und schubste sie unsanft zurück, dann stellte er sich zwischen sie und Karin.

Vlora zeigte ihm die Zähne. »Dann werde ich hier alles auseinandernehmen, bis ich diese Unterlagen finde.«

»Nein.« Olem schüttelte den Kopf. Er schien zu verstehen, was sie vorhatte. »Dafür brauchen wir einen Durchsuchungsbefehl.«

»Scheiß auf den Durchsuchungsbefehl. Sie hat Sie angegriffen!«

»War nur ein kleines Handgemenge«, sagte Olem. »Nichts, für das man sie den Wölfen zum Fraß vorwirft. Es ist sinnlos, jemandes Leben zu zerstören, nur weil sie ihren Liebhaber beschützen wollte.«

Vlora stieß ein bellendes Lachen aus. »Dieser Liebhaber gefährdet die Leben von Adronern. Aus dem Weg!«

»Raus!«, sagte Olem. »Sofort.«

Vlora starrte ihm in die Augen und legte jeden Funken Wut, den sie aufbringen konnte, in ihren Gesichtsausdruck. Sie behielt die Pose ein paar Momente lang bei, bevor sie über Olems Schulter hinweg zu Karin schaute. »In ein paar Stunden sind wir zurück mit dem Durchsuchungsbefehl und der Stadtpolizei. Mal schauen, wie es Ihnen gefällt, wenn wir diesen Laden Stein für Stein auseinandernehmen.« Sie wirbelte herum und stürmte hinaus auf die Straße.

Draußen wartete sie etwa fünf Minuten, bis Olem zu ihr kam. Er nahm sie am Arm, tat so, als würde er sie mit Nachdruck wegführen, und behielt sie in seinem Griff, bis sie um die Ecke gegangen waren.

»Hey«, sagte er, »ich wollte den Kuchen noch essen.«

»Tut mir leid. Meinen Sie, sie hat es geschluckt?«

»Verdammt, wahrscheinlich schon. *Ich* habe einen Moment lang geglaubt, Sie wollen mich plattmachen, um an sie heranzukommen.«

»Wollen wir mal hoffen, dass sie das auch getan hat«, sagte Vlora.

Sie gingen zurück und betraten den Laden eines Hutmachers gegenüber von Karins Laden. Vlora bezog Stellung beim vorderen Fenster und hielt Ausschau nach Karin.

»Kann ich Ihnen helfen?«, fragte der Hutmacher.

»Wir warten nur auf einen Freund«, sagte Olem. Er holte einen Geldbeutel hervor und gab dem Hutmacher ein paar Geldscheine.

»Ich verstehe«, antwortete der Hutmacher. Er beschäftigte sich im hinteren Teil des Ladens und behielt die beiden im Auge.

Olem stellte sich neben Vlora und hakte einen Daumen in seiner Gürtelschlaufe ein. Er hatte eine neue Zigarette zwischen den Lippen. »Die Informationen befinden sich vielleicht in dem Gebäude«, sagte er. »Unsere beste Chance ist es, ein paar Männer zu holen und den Laden auf den Kopf zu stellen.«

»Haben Sie nicht gesagt, dass wir einen Durchsuchungsbefehl brauchen?«

»Ich habe nur mitgespielt. Der Haftbefehl, den wir haben, deckt auch eine Hausdurchsuchung ab.«

Vlora biss sich auf die Lippe. Es war verlockend. Ein Teilerfolg war immer noch ein Erfolg. »Tamas will die Informationen *und* Wohler«, sagte sie. »Ich werde ihm nicht nur eins von beidem bringen.«

»Und wenn wir beides verlieren?«

»Dann sitze ich noch tiefer in der Scheiße als vorher.« Vlora zuckte mit den Schultern. »Wenn ich ehrlich bin, glaube ich nicht, dass es noch viel tiefer geht.«

Olem nahm die Zigarette aus dem Mund und blies einen Rauchring. »Doch, ich denke, es geht noch tiefer«, sagte er mit einem schiefen Lächeln.

»Das ist nicht gerade ermutigend.« Vlora widerstand dem Drang, ihn zu fragen, was Tamas über sie erzählt hatte und ob es irgendetwas anderes gab, was sie tun konnte, um sein Vertrauen zurückzugewinnen. Falls Olem irgendetwas dazu zu sagen hatte, würde er es sagen, wenn er dazu bereit war. Bis dahin konnte Vlora nur hoffen, dass sie einen guten Eindruck machte.

Nicht, dass sie irgendwie davon überzeugt war, dass sie das tat.

»Wie geht es der Hand?«, fragte Olem.

Vlora hielt das Taschentuch hoch. »Der Schnitt ist nicht tief. Hat viel geblutet am Anfang, aber das wird mich nicht aufhalten.«

»Ein Wundarzt sollte sich das mal ansehen, um sicherzugehen, dass es nicht genäht werden muss.«

»Muss es nicht.«

»Lieber auf Nummer sicher gehen«, erwiderte Olem.

Die nächsten zwanzig Minuten herrschte zwischen ihnen angenehme Stille. Olem beobachtete die Straße, und sie beobachtete ihn dabei, wie er mehrere Zigaretten auf Kette rauchte.

»Wir hätten wahnsinniges Glück, wenn er sich dazu entscheiden sollte, zurückzukommen«, sagte Olem und durchbrach die Stille.

»Es wäre wahnsinnig dumm«, erwiderte Vlora. »So dumm ist er nicht, und ich habe nicht so viel Glück.«

»Ist er ein guter Kämpfer?«, fragte Olem.

»Verdammt gut mit dem Degen. Er hatte kein Gramm Pulver an sich, sonst würden wir diese Unterhaltung gar nicht führen.«

»Vielleicht sollten Sie ihn beim nächsten Mal einfach über den Haufen schießen.«

»Habe ich vor.«

»Gut«, sagte Olem. »Moment. Karin schaut aus dem Fenster.«

Vlora schlich sich ans Fenster des Hutmacherladens und spähte hinaus. »Hat sie Sie gesehen?«

»Glaube nicht. Da ist sie.«

Karin kam aus ihrem Laden mit einem großen schwarzen Bündel unter dem Arm. Sie trug ein grünes Kleid und einen dazu passenden Hut, den sie tief ins Gesicht gezogen hatte, um ihre Augen zu verbergen. Sie hielt vor ihrem Laden gerade lange genug inne, um die Tür abzuschließen, dann schaute sie in beide Richtungen, bevor sie die Straße entlangging.

Vlora und Olem folgten ihr mit Abstand.

An der nächsten Ecke winkte Karin eine Pferdedroschke herbei. Vlora verfolgte sie zu Fuß, bis Olem sie mit einer eigenen Kutsche einholte. Sie sprang auf das Trittbrett und behielt den Kopf oben, um Karin nicht aus den Augen zu verlieren.

Sie überquerten den Fluss und schlängelten sich durch das Hafenviertel, wo sie ein paarmal sprunghaft abbogen, bevor sie in nördlicher Richtung am Flussufer entlangfuhren, vorbei an der Kresim-Kathedrale. Sie fuhren weiter bis in die nördlichen Ausläufer der Stadt, wo sie etwa eine Viertelmeile entfernt vom Fluss vor einer kleinen Kapelle anhielten.

Karin stieg aus ihrer Kutsche aus, das Bündel immer noch unter dem Arm, und ging durch die Vordertür in die Kapelle hinein.

»Ist das wohl das Versteck?«, fragte Olem.

Vlora schaute sich die Kapelle mehrere Momente lang an. Neben der Kapellentür hing ein Mann mit einem Zweispitz und Übermantel auf der Straße herum, eine Weinflasche neben sich auf dem Boden, und rauchte eine Pfeife. »Es gibt nur einen Weg, das herauszufinden«, sagte sie. »Rollen Sie mir eine Zigarette. Und geben Sie mir Ihren Hut und Mantel.«

»Sollte ich fragen, wieso?«, fragte Olem, während er seinen Mantel bereits auszog.

»Weil Ihre Klamotten größer und älter sind. Zur Grube, geben Sie mir auch Ihr Hemd. Je schlabbriger, desto besser. Fahrer!«, rief sie. »Fahren Sie um die Ecke.«

Sie wurde mehrere Straßenblocks von der Kapelle entfernt abgesetzt, wo sie außer Sichtweite war, und ließ ihre Waffen mit Olem in der Kutsche zurück. Sie ließ ihre Schultern heruntersacken und steckte sich die Haare hoch, dann ging sie mit Olems Hut und Zigarette bewaffnet zurück in Richtung der Kapelle.

Sie näherte sich langsam und schlenderte ziellos umher; sie hielt alle paar Momente an, um zum Himmel hochzuschauen und wütend etwas zu murmeln, bis sie auf derselben Höhe angelangt war wie der Mann, der mit seiner Pfeife und seiner Weinflasche vor der Kapelle hockte.

»Hey, Sie da.« Sie hustete und holte die Zigarette aus ihrer Tasche. »Haben Sie 'n Streichholz?«

Der Mann hatte sie mit wachen Augen beobachtet, während sie sich genähert hatte, aber bei ihrer Frage guckte er an ihr vorbei und schaute in beide Richtungen der Straße. »Nein. Verschwinde.«

»Sei'n Se doch nich' so«, quengelte Vlora. »Kommen Se mal runter von Ihrem hohen Ross. Sie rauchen Pfeife. Ich bin vielleicht nich' nüchtern, aber ich bin auch nich' dumm.« Er antwortete nicht, also streckte sie die Hand nach der Tür zur Kapelle aus. »Vielleicht ham ja die verdammten Priester eins.«

»Warte, warte.« Der Mann schniefte einmal, dann tastete er seine Taschen ab. Sie erhaschte einen Blick auf eine Gürtelschnalle aus Messing und etwas Lilafarbenem, dann sah sie den polierten Griff einer Pistole, bevor er ein Streichholz hervorkramte.

»Danke schön«, sagte Vlora. Sie entzündete das Streichholz an einem der Backsteine der Kapelle, bevor sie sich langsam wieder auf den Weg machte. Sie nahm einen tiefen Zug von der Zigarette und hoffte, dass der Mann nicht sah, wie sie zitterte und stolperte, während sie versuchte, den Rauch in ihrer Lunge zu behalten. Sie blies den Rauch über ihrem Kopf in die Luft und versuchte, dabei lässig auszusehen.

Die Kutsche sammelte sie drei Blocks entfernt wieder auf. Sie warf die Zigarette weg, bevor sie einstieg, und wischte sich über den Mund. »Wie zur Grube können Sie die Dinger rauchen?«

»Gewohnheit«, sagte Olem.

»Vielleicht sollte ich eher fragen, wieso.«

»Es beruhigt mich. Irgendwas herausgefunden?«

Vlora zog Olems Mantel und Hemd aus. Anständigerweise wurde er rot, als sie ihn dabei erwischte, wie er hinschaute, während sie ihr eigenes Hemd zuknöpfte. Er drehte sich schnell um und schaute aus dem Fenster. Vlora schnaubte ein Lachen. »Der Mann vor der Tür hält Ausschau. Er trägt eine Gürtelschnalle der Kresim-Kirche.«

»Die untergetauchten Prielight-Wachen, was?«

»Würde ich vermuten.«

»Meinen Sie, Wohler ist da drinnen?«

»Nun, Karin ist mit irgendwas reingegangen. Das hier muss es sein. Jetzt, wo wir Wohler aus seinem Versteck aufgeschreckt haben, ist es nur wahrscheinlich, dass er hierherkommt, weil er sich bei den anderen sicherer fühlt.«

»Ich stimme zu«, sagte Olem.

»Und jetzt wird er von weiß Kresimir wie vielen seiner Prielight-Kameraden umgeben sein.«

»Klingt so, als hätten wir ein Problem«, bestätigte Olem.

Vlora musste darüber lächeln, wie er das Wort *wir* aussprach. Es war schön, jemanden an seiner Seite zu haben. Es kam ihr vor, als läge das letzte Mal eine Ewigkeit zurück. »Nun gut«, sagte sie. »Ich denke, unsere beste Option ist es, ihn aufzuscheuchen und ihn zur Flucht zu verleiten. Wir locken ihn aus seinem Versteck, damit ich freies Schussfeld auf ihn habe.«

»Selbst wenn uns das gelingt«, sagte Olem, »werden seine Freunde nicht lange brauchen, bis sie herausfinden, dass wir nur zu zweit sind. Dann werden wir weder ihn festnehmen noch die Dokumente bergen können.«

Vlora leckte sich über die Zähne und zwang sich, nachzudenken. Sie konnte die Verlockung des einfachen Auswegs – aufzugeben – fühlen, die sich sanft, aber beharrlich in ihrem Hinterkopf breitmachte. Sie kämpfte dagegen an. Sie würde diesen Erfolg brauchen für ihre Ankunft an der Front.

Zur Grube mit dem Erfolg und mit Tamas' Gunst. Es ging jetzt darum, den Mann zu fassen, der für Sabons Tod verantwortlich war. Sie würde es schaffen, für ihren verstorbenen Kommandanten und all die anderen Männer, die in dem Hinterhalt umgekommen waren.

»Könnten Sie sonst noch jemanden hierfür organisieren?«, fragte Vlora.

»Wie viele?«, fragte Olem.

»So viele Sie können. Ich weiß, es ist eine Menge verlangt, und wenn Sie Nein sagen, verstehe ich das vollkommen.«

Olem schien ein paar Momente darüber nachzudenken.

»Prielight-Wachen sind hervorragende Kämpfer«, sagte er dann. »Sie gehören zu den Besten in den Neun.«

»Ich weiß.«

»Wir wissen nicht, wie viele da drinnen sind.«

»Das weiß ich auch.«

»Wir wissen auch nicht, ob drinnen irgendwelche Zivilisten sind. Ehepartner, Geliebte, Diözel oder sogar Kinder.«

»Wir werden durch jeden Eingang reingehen müssen«, sagte Vlora. »Sie überraschen und sie so lange in Schach halten, bis wir alle entwaffnet haben. Sie beschützen niemanden, sie verstecken sich nur. Sie haben keinen Grund dazu, auf Leben und Tod zu kämpfen.«

Olem fing an, eine neue Zigarette zu rollen. Er war einige Zeit lang still, bevor er Vlora in die Augen schaute und einen Seufzer ausstieß. »Tja. Wieso zur Grube sollte man eine Elitekampftruppe aufstellen, wenn man ihr nicht die Gelegenheit gibt, sich zu beweisen?«

✦

Vlora behielt die Kapelle aus sicherer Entfernung im Auge, während Olem weg war. Sie konnte fühlen, wie schwer die Luft war, und sehen, wie die undurchdringlichen Sturmwolken von der Adsee herüberwanderten. Der lange angekündigte Sturm würde jede Minute da sein.

Genau rechtzeitig, um Schießpulver nutzlos und die Pflastersteine rutschig zu machen. Perfektes Wetter für einen Kampf.

Olem kehrte zwei Stunden später zurück und sprang aus einer Pferdedroschke. Im Inneren zählte Vlora drei weitere Gesichter, und neben der ersten hatten zwei weitere Droschken am Straßenrand geparkt und warteten. Es wurde langsam dunkel, und es nieselte leicht.

»Er ist da drinnen«, berichtete sie Olem. »Ist vor etwa zwanzig Minuten gekommen. Karin ist zehn Minuten später gegangen, aber Wohler ist noch da.«

»Es sei denn, er ist durch den Hintereingang raus«, sagte Olem.

»Stimmt«, gab Vlora zu. »Haben Sie mir ein Gewehr mitgebracht?«

»Das habe ich.«

»Wie viele Männer haben Sie dabei?«

»In der kurzen Zeit konnte ich nur dreizehn zusammentrommeln. Ich konnte Verundish nirgends finden, aber sie hat auch die Anweisung, sich bedeckt zu halten.« Olem salutierte ihr halb spöttisch. »Ihre Befehle, Captain?«

»Schicken Sie vier Mann zum Hintereingang, die sich um die Wache kümmern sollen, die dort aufgestellt ist«, sagte Vlora. »Sagen Sie ihnen, dass sie das leise erledigen sollen und sich dann bereithalten, falls irgendjemand die Flucht ergreift.«

»Meine Jungs sind ein wenig auffällig. Jede Wache wird uns aus einer Meile Entfernung erkennen.«

»Dafür sind wir ja hier.« Vlora zog ihren Gürtel hoch, sodass die Spitze ihres Degens nicht unter dem Saum ihres Übermantels hervorlugte, dann nahm sie eine Pistole und schob sie mit dem Lauf zuerst in ihren Ärmel. »Ich will, dass sie in drei Minuten hinter der Kapelle in Position sind«, sagte sie. »Sagen Sie Ihren Männern, sie sollen anfangen zu zählen.«

Olem gab seinen Männern in einer der Droschken eine Reihe leiser Befehle, dann fuhr sie zur nächsten Straße in Richtung der Rückseite der Kapelle.

Vlora gab ihnen eineinhalb Minuten, bevor sie einen tiefen Atemzug nahm. »Nehmen Sie meinen Arm.«

Olem zog eine Augenbraue hoch und hielt seinen Arm hin, sodass sie sich bei ihm einhaken konnte. Sie gingen zusammen um die Ecke und auf die Vordertür der Kapelle zu.

Der Regen fiel jetzt etwas schwerer, und Vlora schmiegte sich näher an Olem heran; sie spürte seine Körperwärme unter seinem Übermantel. »Senken Sie den Kopf«, sagte sie. »Tun Sie so, als würden Sie mit mir reden.«

»Aber ich rede doch gerade mit Ihnen.«

Vlora boxte ihn leicht gegen die Schulter.

»Wenn bei dieser Aktion irgendeiner meiner Männer stirbt«, sagte Olem, »werde ich sehr böse sein.«

»Ich werde mein Bestes tun, damit das nicht passiert.«

Die Wache hatte sie entdeckt. Der Mann schaute zu, wie sie näherkamen, war aber nicht von seinem Platz neben der Tür aufgestanden.

»Das hier ist schön.« Olem schaute hoch zum Himmel. »Nun, das Wetter könnte besser sein. Aber die Gesellschaft ist gar nicht so schlecht.«

»Entgegen der landläufigen Meinung«, sagte Vlora.

»In der Tat«, antwortete Olem fröhlich.

Sie waren fast auf der Höhe der Kapelle, und der Wachmann beäugte sie ein klein wenig zu interessiert. Eine Hand wanderte zu der Pistole, die er unter seinem Mantel versteckte.

Vlora drehte sich plötzlich zu Olem, stellte sich auf die Zehenspitzen und küsste ihn. Olem machte große Augen, und als Vlora sich losriss, sagte sie mit lauter Stimme: »Lass uns heiraten!«

Der Wachmann gab einen kehligen Laut von sich – vielleicht ein ersticktes Lachen über Olems Gesichtsausdruck – und interessierte sich plötzlich für seine Stiefel.

Vlora ließ die Pistole fallen, die sie in ihrem Ärmel versteckt hatte, und fing sie am Lauf. Ihr Hieb traf den Wachmann an der Schläfe, bevor er Alarm schlagen konnte, und er sackte zur Seite weg.

Vlora wischte das Blut von ihrem Pistolengriff. Hinter ihr rieb sich Olem die Lippen. »Na, das hat mich aber überrascht.«

»Ihn auch«, sagte Vlora. Die anderen beiden Droschken hielten vor der Kapelle, und adronische Soldaten schwärmten heraus. Sie pflanzten ihre Bajonette auf und versuchten, die Pulverpfannen vor dem Regen zu schützen. Vlora machte ihr eigenes Gewehr scharf. »Fünfzehn Sekunden!«, rief sie über den Regen hinweg, der auf das Pflaster prasselte.

Die Soldaten schwärmten aus, je drei positionierten sich zu beiden Seiten der Tür, die anderen bewegten sich entlang der Nordseite der Kapelle und bezogen Positionen unter den Fenstern.

Vlora streckte ihre Sinne aus und machte eine Bestandsaufnahme des Pulvers in der Kapelle. Drinnen war eine Menge – mindestens hundert Pulverladungen und mehrere Pulverhörner. Sie schätzte, dass sich drinnen bis zu zehn Prielight-Wachen aufhielten. Nichts von dem

Pulver war in Bewegung, was bedeutete, dass sie sich nicht bereit machten für einen Hinterhalt.

»Fünf, vier«, zählte Vlora angespannt runter.

Vloras Pulvermagier-Sinne vernahmen einen plötzlichen Aufschrei auf der anderen Seite der Kapelle und dann den unverwechselbaren Klang von Soldaten, die drinnen zu ihren Waffen liefen. Der Wachmann auf der Rückseite hatte Olems Männer bemerkt.

»Scheiße«, sagte Vlora. »Los!«

Sie rammte eine Schulter gegen die Tür, nur um herauszufinden, dass sie von drinnen verriegelt war. Eine Vision des Scheiterns spielte sich vor ihrem inneren Auge ab – in der Olems Männer auf der Rückseite überwältigt und getötet würden, in der Wohler und seine Kameraden entkämen, in der sie sich eine Verfolgungsjagd durch die Straßen leisteten, die weitere Leben kostete.

Olem stellte sich neben sie. »Eins, zwei!«

Vlora stemmte ihre Füße in den Boden, und die beiden rammten die Tür gemeinsam. Sie brach nach innen auf, und Vlora setzte ihr Gewehr an, während Olems Soldaten hinter ihr in die Kapelle stürmten.

Sie betrachtete das Gebäude – die Kapelle bestand aus einem großen Raum, mit Kirchenbänken in der Mitte und einem Kresimir-Altar im vorderen Bereich. Auf den Kirchenbänken lagen Decken, um sie zu provisorischen Betten zu machen. Acht Männer und Frauen, von denen manche immer noch die lila Kleidung der Prielight-Wache trugen, rannten zu ihren Waffen. Vlora ließ das Pulver der ersten Prielight explodieren, die ihre Pistole aufhob. Die Explosion klingelte in ihren Ohren, und die Frau taumelte schreiend zurück und hielt sich die Überreste ihrer Hand.

Glas splitterte, als Olems Männer die Fenster entlang der Seite der Kapelle zerschlugen und die Läufe ihrer Gewehre durch die Öffnungen steckten. Der Knall eines Gewehrs hallte in Vloras Ohr, und eine zweite Prielight-Wache taumelte und fiel mit halb gezogenem Degen zu Boden. Olem hielt sein rauchendes Gewehr oben und das Bajonett nach vorne gerichtet.

Der Rest der Prielight-Wachen erstarrte an Ort und Stelle.

Der gesamte Gebäudesturm hatte weniger als fünf Sekunden gedauert. Vlora suchte den Raum ab. Panik machte sich breit; sie konnte ihr Ziel nirgendwo entdecken. Er musste hier irgendwo sein. Vielleicht in einem Keller? Versteckte er sich hinter dem Altar? Es sei denn, er war vor dem Hinterhalt durch den Hintereingang entkommen, oder er hatte sich rausgeschlichen, als sie gerade angekommen waren.

»Wo ist Wohler?«, forderte Vlora.

»Genau hier.«

Jeder ihrer Sinne schärfte sich, als Vlora fühlte, wie ihr die Spitze einer Klinge ganz sanft gegen den Hals gedrückt wurde. Ihre Atmung verflachte, und sie bekämpfte den Drang, zurückzuzucken, da sie sich nicht sicher war, dass ihre Reflexe schneller waren als Wohlers. Sie hatte gesehen, was er mit seinem Degen anrichten konnte.

Aus dem Augenwinkel konnte sie erkennen, dass Wohler von der Tür verborgen worden war, als sie sie aufgebrochen hatten. Niemand hatte sich umgedreht, um diese Seite beim Vorrücken abzudecken. Schlampig. Wohler war immer noch halb hinter der Tür und hatte seinen Arm ausgestreckt, um ihr die Spitze seines Degens gegen den Hals zu drücken.

»Ich kann jeden Einzelnen Ihrer Männer töten, bevor Sie mich töten«, sagte sie.

»Indem Sie ihr Pulver entzünden?«, fragte Wohler. »Sicherlich. Aber es sind nicht meine Männer. Sondern nur Kirchenwachen.« Vlora streckte ihre Sinne aus. Wohler hatte kein Körnchen Pulver bei sich.

»Sir«, rief einer von Olems Männern draußen vor einem der Seitenfenster. »Ich habe freie Schussbahn.«

Vlora konnte spüren, wie sich die Degenspitze stärker in ihren Hals drückte.

»Waffen runter«, rief Olem. »Verdammt noch mal, Waffen runter habe ich gesagt!«

»Lassen Sie das Gewehr fallen, Fräulein«, sagte Wohler.

Vlora gehorchte.

»Ihre Männer sollen die Gewehre fallen lassen«, sagte Wohler zu Olem.

Olem schnaubte. »Das wird nicht passieren.«

»Ich werde sie umbringen«, drohte Wohler.

»Dann bringen wir Sie um«, antwortete Olem kühl. »Und wir werden dafür sorgen, dass es ein sehr langsamer Tod wird. So gewinnt niemand.«

Wohler grinste höhnisch. »Haben Sie einen Vorschlag?«

»Geben Sie uns die Dokumente, die Sie aus Charlemunds Anwesen entwendet haben, und wir lassen Sie laufen.«

»Den Teufel werden wir tun«, sagte Vlora. »Er hat Sabon getötet.«

Wohler ignorierte sie. »Dieser Mistkerl Charlemund hat mir nichts als Ärger eingebracht. Sie können die Dokumente haben. Schwören Sie auf Ihre Offiziersehre?«

»Das tue ich«, sagte Olem. »Keiner meiner Männer wird Sie verfolgen.«

Vlora spürte, wie die Klinge sie vorwärts drängte, und musste einen Schritt zur Seite machen, um nicht aufgespießt zu werden. Wohler zwang sie in die Mitte des Raumes, während er aus der Deckung kam; die beiden bewegten sich gemeinsam. Wohler hatte seine Klinge immer noch an Vloras Hals und seine Augen auf Olems Soldaten gerichtet, als er sich über eine der Kirchenbänke beugte. Er hob eine dicke Tasche auf und warf sie Olem vor die Füße.

»Olem«, sagte Vlora, »mir gefällt das gar nicht.«

Olem hob die Tasche auf und blätterte sich durch die Papiere darin. »Es muss Ihnen nicht gefallen, Captain.« Er nickte Wohler zu. »Ich habe mein Ehrenwort als Offizier gegeben. Sie dürfen gehen, Captain Wohler.«

Vloras Körper zitterte vor Wut. Wie konnte Olem diesen Mann einfach gehen lassen? Glaubte er wirklich, dass ihr Leben es wert war, Sabons Mörder entkommen zu lassen? Sie wartete auf eine Lücke in Wohlers Konzentration, aber seine Klinge rührte sich nicht von der Stelle.

Wohler führte Vlora wieder mit der Spitze seines Degens. Er schnappte sich seine Jacke und warf sie sich über die Schulter, dann nahm er seinen Hut und zwang Vlora durch Olems Soldaten hindurch und hinaus in den Regen.

Sie gingen gemeinsam auf die Straße und bis zum Ende des Blocks. Vlora wartete auf den Schmerz des Stiches, darauf, dass Wohler versuchte, sie zu töten und sich aus dem Staub zu machen. Aus dem Augenwinkel konnte sie sehen, wie Olems Soldaten ihren Abgang von der Kapellentür aus beobachteten.

»Wohler!«, erklang Olems Stimme.

Wohler hielt an. Er warf einen Blick zurück durch den Regen.

»Wohler«, wiederholte Olem. »Ich habe Ihnen mein Wort gegeben, dass keiner meiner Männer Sie verfolgen wird. Was ich vergessen habe zu sagen: Vlora gehört nicht zu meinen Männern.«

Vlora knickte mit dem rechten Bein ein und brachte ihren linken Arm und die Schulter hoch, um die Klinge von ihrem Hals wegzuschlagen. Mit den Fingern ihrer linken Hand packte sie den Griff seines Degens. Wohler warf sich zurück und zog ihr die Klinge am Arm entlang, sodass sie die Jacke und das darunterliegende Fleisch aufschlitzte. Vlora wusste, dass wenn sie losließ, er die Spitze herumführen und nach ihrer Brust stechen konnte.

Stattdessen riss sie am Griff der Waffe und brachte Wohler näher an sich heran. Sie rammte ihm ihre rechte Faust gegen die Schläfe. Der Schlag hätte ihm den Kiefer brechen sollen, aber sie rutschte ab, und die beiden stolperten über die Bordsteinkante und fielen hin.

Wohler rammte seine Stirn gegen Vloras Nase. Sie fühlte etwas brechen und schmeckte das Blut, das ihr vom Kinn strömte. Wohler rollte sich von ihr weg und wand sich aus ihrem Griff. Er schlug halbherzig nach ihr, als er auf die Füße sprang, dann rannte er die Straße hinunter.

Sie würde ihm nicht unbewaffnet hinterherrennen, und das wusste er.

Stattdessen sprintete Vlora zur Kapelle.

Sie stürmte an Olem und den Soldaten vorbei, ignorierte Olems besorgte Nachfragen und schnappte sich ihr Gewehr, bevor sie wieder zur Straße lief.

Sie hängte sich das Gewehr über die Schulter und kletterte die metallene Regenrinne der Kapelle hoch; ihr linker Arm war rutschig vor Blut, und sie starrte hoch in den schwarzen Himmel. Es regnete jetzt in Strömen, als sie das Dach erreichte und über die rutschigen Ziegel kraxelte, bis sie an der Spitze war.

Beim Klettern hatte sie ihren Hut verloren, und sie musste sich das Wasser aus den Augen wischen. Ihr linker Arm war von Wohlers Degen zerfetzt worden, also positionierte sie den lahmen Arm auf der Spitze des Daches und legte den Lauf ihres Gewehres darauf ab, dann zielte sie hinunter in die Straße, in deren Richtung Wohler gelaufen war.

Sie starrte in die Finsternis und hatte Angst, dass sie zu langsam gewesen war.

»Zeig dich, du Mistkerl.«

Da war er; er kam aus einer Gasse vier Straßen weiter und versuchte, beim nächsten Gebäude Schutz zu suchen. Er war über dreihundert Meter entfernt. Ein leichter Schuss für einen Pulvermagier, bei guten Bedingungen. Aber auf ein sich bewegendes Ziel, im Regen und in der Finsternis? Vlora schnupfte noch eine Prise Pulver und zwang sich, all ihre Konzentration auf die rennende Gestalt zu bündeln. In dreißig Schritten würde Wohler die nächste Gasse erreichen und außer Sicht sein.

Fünfundzwanzig.

Zwanzig.

Fünfzehn.

Vlora erinnerte sich an das erste Mal, als sie im Regen geschossen hatte. Zielübungen, als sie dreizehn gewesen war, in der Nähe des King's Forest. Sie hatte gezittert vor Angst, Tamas zu enttäuschen. Sabon hatte neben ihr gestanden, der Regen war von seinem Hut getropft, und er hatte ihr zugeflüstert, dass sie sich auf ihre Atmung konzentrieren solle.

Vlora drückte nicht den Abzug – das Pulver in der Pfanne war bereits nass geworden. Sie entzündete das Pulver im Lauf direkt mit ihren Gedanken, dann konzentrierte sie sich auf die Explosion im Lauf, stabilisierte die Kugel mit ihrer Magie und ließ die Energie aus der Pulverladung die Kugel nach vorne tragen. Sie flog durch den Regen, überbrückte die Distanz in einem Wimperschlag, dann durchschlug sie Wohlers linken Knöchel.

Vlora senkte die Mündung ihres Gewehrs und schaute zu, wie Wohler einen Schrei ausstieß und zu Boden fiel.

Sie würde ihm nicht den Luxus eines leichten Todes gönnen.

✦

Vlora wurde von dem Geräusch geweckt, wie ihre Vorhänge aufgezogen wurden, und das grausame Morgenlicht piesackte ihre Augen etwa einen halben Tag früher, als sie es wollte. Sie wischte sich den Sabber aus dem Mundwinkel und stützte sich auf die Ellenbogen, dann blinzelte sie über ihre Schulter.

»Wer zur Grube ist da?«

»Olem«, sagte eine Stimme.

Sie rollte sich wieder herum, zog die Decke zur Brust hoch und hob eine Hand, um das Sonnenlicht abzuwehren. Der Geruch von Zigarettenrauch stieg in ihre Nasenlöcher. »Olem?«

»Hab ich doch gesagt. Sie sehen aus, als sei hier letzte Nacht ordentlich gefeiert worden.« Olem stand am Fenster; er trug seine Uniform und hatte seinen Hut in der Hand.

Vlora blickte sich um und schaute zu den Haufen an Klamotten und leeren Weinflaschen. Ihr Kopf hämmerte, und sie konnte sich an nicht mehr viel erinnern, nachdem sie den schreienden Wohler durch die Straßen gezerrt und bei der Adopester Polizei abgeliefert hatte. »Man braucht eine Menge Alkohol, um einen Pulvermagier betrunken zu machen«, sagte sie.

Olem nahm eine der Flaschen und hielt sie ins Licht. Er wirbelte den Inhalt herum und schnüffelte daran, dann nahm er einen Schluck.

Vlora warf die Decke von sich und streckte sich nach ihrer Hose; sie hielt inne, um zu lächeln, als Olem sich schnell von ihrer Nacktheit wegdrehte. Sie zog sich ihr Hemd und ihre Stiefel an, dann stand sie auf und fuhr sich mit den Fingern durch die Haare in dem Versuch, sich präsentabel zu machen. Olem bot ihr die halb leere Weinflasche an. Sie dankte ihm und nahm einen tiefen Schluck.

Widerlich.

»Was ist los?«, fragte sie. »Wir haben Wohler geschnappt, oder nicht?«

»Das haben wir. Gute Arbeit. Die Dokumente sind sichergestellt, und Wohler wird sich mit unseren Jungs über Charlemunds andere Geheimnisse unterhalten, über die er vielleicht auch etwas weiß.«

»Also, äh, was tun Sie dann hier?«

»Ich dachte, vielleicht würden Sie gerne die Straße runter etwas frühstücken gehen.«

Vlora zog eine Augenbraue hoch. »Oh?«

Olem schenkte ihr ein Grinsen. »Oh ja. Sie wollen einen vollen Magen haben. Wir haben heute noch einen langen Weg zu reiten.«

»Wir?«

»Ich bin fertig mit der Rekrutierung, und meine Männer und ich müssen in vier Tagen in Budwiel sein. Ich dachte, vielleicht wollen Sie mit uns kommen.«

Vlora blinzelte träge, ihre Gedanken mussten sich erst noch sammeln. Stimmt, sie hatte Wohler gefangen genommen, was bedeutete, dass sie an der Front willkommen war. Sie stieß einen Seufzer der Erleichterung aus. Vor zwei Tagen hatte sie sich schon fast damit abgefunden gehabt, versagt zu haben. Jetzt hatte sie es geschafft, mit Olems Hilfe.

Um ehrlich zu sein, fühlte sich ihr Erfolg leer an. Wofür das Ganze? Um Tamas zu beeindrucken und an die Front zu gehen, wo sie dann weiter töten durfte? Nein, ermahnte sie sich selbst. Sie hatte es getan, damit Sabon seine Ruhe finden konnte.

»War das Ganze hier von Anfang an ein Test? Waren Sie hier, um mich zu beobachten?«

Olem schaute sich um nach einem Ort, wo er seine Zigarette abaschen konnte, dann öffnete er das Fenster, um es draußen zu tun.

»Nein«, sagte er. »Ich sollte Sie mitbringen, wenn Sie Erfolg hätten, und hierlassen, wenn Sie versagt hätten.«

»Und Sie sollten mir nicht helfen?«

»Tatsächlich wurde mir gesagt, das nicht zu tun. Aber ich dachte mir, dass das nur eine der Launen des Feldmarschalls war.« Olem streckte ihr eine Hand entgegen. »Wollen wir?«

Vlora ergriff die Hand. »Zuerst das Frühstück?«

»Anders fange ich den Tag nie an. Außerdem wird es eine Schlacht um Budwiel geben, eine verdammt große. Ich finde, die kann warten, bis wir was Vernünftiges gegessen haben.«

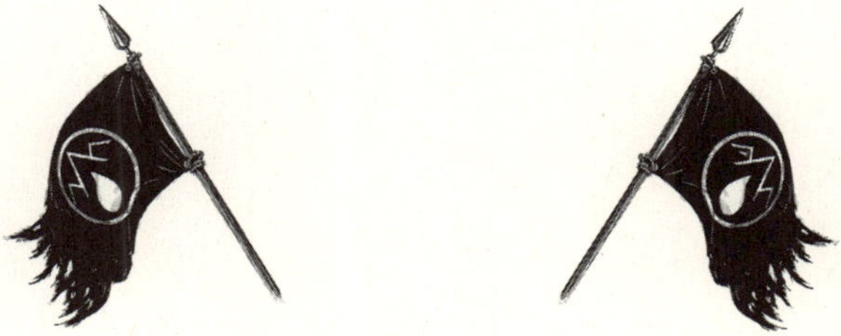

DIE BELAGERUNG VON TILPUR

Sergeant Tamas schloss die Augen und hörte zu, wie entlang der Frontlinie Befehle hin und her gerufen wurden. Die Stimmen wurden vom Artilleriefeuer zwei Hügel weiter untermalt. Captains brüllten ihre Leutnants an, Leutnants brüllten ihre Sergeanten an, Sergeanten ihre Infanteristen. Es war nur eine Frage der Zeit, bis irgendein armer Infanterist durchdrehte und die Trommler anbrüllte, einfach nur, damit er auch jemanden hatte, dem er Befehle zubellen konnte.

Die Befehle waren natürlich alle Quatsch. »Seid standhaft, Jungs« oder »Bleibt wachsam« oder »Der Erste über die Mauer bekommt hundert Krana«. Alle standen angespannt in einer Linie, die Bajonette aufgepflanzt, die Steinschlösser gespannt, die Leitern geschultert, und warteten nur auf das Signal. Seiner Meinung nach war das Einzige, was das Brüllen erreichte: dass es den Offizieren ein Ventil dafür bot, ihre eigene verdammte Unsicherheit auf möglichst männliche Art und Weise herauszulassen.

In der Zwischenzeit kochten die Infanteristen in ihren Uniformen, die Jacken und Hosen waren bereits mit Schweiß durchtränkt. Wenn General Seske noch eine weitere halbe Stunde damit wartete, den Befehl zum Angriff zu geben, war es gut möglich, dass die Wüstensonne die gesamte adronische Armee bis dahin zu verdorrten Hüllen verbrannte.

»Was für ein Schwachsinn«, sagte eine Stimme hinter ihm.

»Sei still, Farthing«, antwortete die Gefreite Lillen in ihrer lässigen, gedehnten Sprechweise. »Ich versuche, ein Nickerchen zu machen, bevor das Ding hier losgeht.«

»Ich mache keine Witze«, beharrte Farthing. »Das hier ist absoluter Schwachsinn. Wir starten einen Frontalangriff auf ein verdammtes Fort am helllichten Tag mit nichts als Leitern und leichter Artillerie. Das wird nicht funktionieren, genauso wie es auch beim letzten Mal und beim Mal davor nicht funktioniert hat. Uns werden gleich Kartätschen und Magie um die Ohren fliegen. Wieso nennen sie uns nicht gleich ›die adronischen Kugelschwämme ihrer königlichen Majestät‹?«

»Man sollte meinen, du hättest dich inzwischen daran gewöhnt«, sagte Lillen.

»Daran gewöhnt? Erklär mir bitte, wie man sich an einen Feuerball ins Gesicht gewöhnen kann? So wie du dich daran gewöhnt hast, deine Nickerchen im Stehen zu machen? Denn das verstehe ich genauso wenig.«

»Willst du etwa desertieren?« Lillens freundlicher Ton wurde jetzt höhnisch. »Weil du uns jetzt seit fast drei Jahren damit in den Ohren liegst, dass du desertieren wirst, und es ist immer noch nicht passiert. Ich glaube langsam, dass ich längst tot sein werde, wenn du es endlich tust, was schade ist, weil ich gerne dabei wäre, wenn sie dich zurück ins Lager schleifen und vor ein Erschießungskommando stellen.«

»Du Miststück. Dafür schlitze ich dich auf.«

»Schnauze halten, Farthing«, sagte Tamas. »Und machen Sie Ihr verdammtes Nickerchen, Lillen. Sie haben noch etwa achtzig Sekunden Zeit. Wenn das irgendjemand schafft, dann Sie.«

»Jawohl, Sergeant«, sagten beide Soldaten verhalten. Von den übrigen neun Soldaten seines Trupps ertönte Gekicher, aber Tamas drehte sich nicht um. Sollten sie sich doch beschweren und zanken. Es war ihr einziges Ventil vor so einem wichtigen Sturmangriff, und anders als bei so vielen anderen mangelte es in Tamas' Trupp nicht an

Tapferkeit und Loyalität. Sie würden ihm von hier aus zum Fort und direkt bis in die Grube folgen.

Tamas hielt seine Augen auf das Fort gerichtet. Über eine Meile entfernt stiegen dichte Rauchwolken auf von den gurlischen Kanonen, die auf die adronische Artillerie zurückschossen. Gurlische Kanonen waren nicht so gut wie die der Adroner – ihnen fehlte die Reichweite und die Durchschlagskraft, um auf die Entfernung vernünftigen Schaden anzurichten, aber hin und wieder gelang ein Glückstreffer, und eine acht Pfund schwere Kanonenkugel prallte vom Boden ab und setzte ein adronisches Feldgeschütz außer Gefecht oder pflügte sich begleitet von einem Chor aus Schreien durch die Reihen.

Andererseits war die Magie, die das gurlische Fort beschützte, so mächtig wie jede andere und hatte den fast zwei Jahre andauernden Beschuss ohne einen Kratzer überstanden. Die adronische Artillerie richtete keinen sichtbaren Schaden an den Mauern an. Tamas fragte sich, wieso sich beide Seiten überhaupt die Mühe machten.

Die einzig denkbare Möglichkeit, das Fort von Tilpur einzunehmen, war, über diese Mauern zu klettern und sich hineinzustürzen in das Dickicht aus gurlischen Bajonetten und Piken.

Das Fort an sich war kein großes Wunder der militärischen Ingenieurkunst. Es bestand aus sechs zehn Meter hohen Mauern und sechs Zwiebeltürmen, und die Brüstungen waren breit genug, dass die Gurlaner in jede Richtung mit nicht weniger als zwölf Kanonen schießen konnten. Die Garnison bestand angeblich aus zweitausend Mann, aber seiner eigenen Schätzung nach waren es halb so viele. Nicht, dass es einen Unterschied machte. So ein Fort konnte von ein paar Hundert Mann effektiv verteidigt werden.

Tamas knibbelte mit einem schmuddeligen Daumen das Papierende von einer seiner Pulverladungen. Er streute sich das lose Schwarzpulver auf die Zunge und schüttelte sich wegen des Schwefelgeschmacks. Sofort steigerte sich seine Entschlossenheit, und seine Sinne wurden geschärft. Magie strömte durch seine Adern, verlieh ihm die Stärke von vier Männern und eine Geschwindigkeit, mit der er die Entfernung bis zum Fort in weniger als drei Minuten zurücklegen könnte. Nicht zum ersten Mal fragte er sich, wie die gewöhnlichen Soldaten den Stress der Schlacht ohne Pulvertrance aushalten konnten.

Seine Stärke, Geschwindigkeit und magische Tapferkeit waren zwar verschwendet in der Linieninfanterie, wo es während der Schlacht mehr um Masse als individuelles Können ging, aber seine Vorgesetzten hatten ihn trotzdem hierherversetzt. Er konnte nichts tun, als zu warten und zu hoffen, dass er lange genug überlebte, um es über diese Mauern zu schaffen. Er streute sich den Rest der Pulverladung in den Mund.

Die Euphorie der Pulvertrance übermannte ihn und vertrieb die letzten Reste Furcht, die er noch gehabt hatte.

Hinter der Artillerie kam ein Mann auf einem Pferd zu General Seske geritten. Es wurde salutiert, der General nickte, und ein Befehl wurde gegeben. »Es ist so weit«, sagte Tamas über die Schulter hinweg.

Irgendwo schlug ein Junge zweimal auf seine Schnarrtrommel. Die ganze Linie entlang verstummten die Männer.

»Vorwärts!«, ertönte der lange erwartete Befehl.

Die nächsten fünf Minuten waren ein Strudel aus Blut und Schrecken direkt aus der Grube. Auf eine Dreiviertelmeile Entfernung fingen die gurlischen Privilegierten an, sie mit ihrer Elementarmagie zu beschießen. Feuer und Eis regnete von den Mauern der Festung auf die adronische Infanterie herab. Ein Teil wurde von den adronischen Privilegierten, die bei der Nachhut mitmarschierten, abgewehrt, aber viel zu viel Magie durchdrang ihre Schutzmagie, sodass verkohlte Leichen den Weg der Armee säumten.

Auf fünfhundert Metern Entfernung verdoppelte sich der Rhythmus der Trommeln, und Tamas fing an zu rennen; er hatte seine Muskete mit beiden Händen fest gepackt und biss die Zähne zusammen in Erwartung dessen, was als Nächstes käme. Hinter ihm fluchte und brüllte sein Trupp gegen das Bombardement an.

Ganze Truppenzüge wurden von einer Flut von Kartätschen vernichtet. Die Gurlaner schafften es, zwei Salven abzufeuern, bevor die vordersten Linien, inklusive Tamas und seiner Männer, unterhalb ihrer Schusslinie waren.

»Leitern!«, rief Tamas, als er den felsigen Untergrund erreichte, auf dem das Fort stand. Leiterteams rannten nach vorne und setzten ihre langen Leitern gegen die Wand, während Musketenkugeln und Steine von oben auf sie herabregneten.

Tamas machte eine Bestandsaufnahme der adronischen Infanterie und verschaffte sich innerhalb eines Augenblicks ein Bild der Lage. Auf dem Feld hinter ihnen lagen Hunderte Tote und Verwundete, aber genauso viele hatten es geschafft, die relative Sicherheit am Fuß der Mauern zu erreichen, noch mehr rückten nach über den felsigen, kargen Wüstenuntergrund. Er hoffte, dass es genug sein würden, um die Mauern zu erklimmen und das Fort einzunehmen.

Bring mich einfach nur über die Mauer, betete er zu keinem bestimmten Gott, dann warf er sich die Muskete über die Schulter und machte sich bereit, sich auf die erste gesicherte Leiter zu stürzen. Die Magie, die von oben herabregnete, wurde stärker und schlug Brandlöcher in die Erde. Die hinteren Reihen begannen zu wanken. Tamas verfluchte sie leise und flehte sie an, nicht zu verzagen.

Irgendwo hinten bei der adronischen Artillerie ertönte der lange, schwermütige Ton einer Trompete. »Nein, verdammt noch mal«, fluchte Tamas. »Wir können es schaffen.« Er schaute hoch zur Krone der Fortmauer. »Wir haben genug Leute, wir können es schaffen!«

Überall um ihn herum brachen Männer den Angriff ab, ließen Leitern, ihre Ausrüstung und ihre Musketen liegen und flohen zu den adronischen Linien.

»Sarge, sie blasen zum Rückzug«, sagte Lillen und packte Tamas am Arm. Er schüttelte sie ab. »Ich weiß, verdammt noch mal! Wieso ziehen wir uns zurück? Wir sind so nah wie nie zuvor. Verfluchte Narren!«

»Sarge!«

»Ich weiß, ich komme.« Tamas warf einen letzten Blick hoch zur Mauerkrone. Er musste nur irgendwie hineingelangen.

✦

»Wir hätten es über diese Mauern schaffen können, Sir.« Tamas ging in dem kleinen Zelt seines Captains auf und ab. Die trockene Wüstenluft schmeckte nach Niederlage an diesem Abend, das gesamte Lager lag brütend, missmutig und still da, abgesehen von den Schreien der Verwundeten im Feldlazarett.

Captain Pereg saß zurückgelehnt auf seinem Stuhl, die Stiefel auf sein Feldbett hochgelegt, und starrte verwirrt auf die Ansammlung von Spielkarten, die mit der Bildseite nach oben auf seinem Nachttisch sortiert lagen. Die Jacke seiner dunkelblauen Uniform lag auf seinem Bett. Die Knöpfe seines weißen Unterhemdes waren aufgeknöpft, der Kragen verfärbt und feucht mit Schweiß. Er kratzte sich an einer seiner braunen Koteletten, hob eine Karte hoch, hielt inne und legte sie dann wieder zurück an ihren Platz.

»Captain!«, sagte Tamas und riss Peregs Aufmerksamkeit weg von seinem Spiel. »Wir hätten es schaffen können.«

Der Captain stieß einen langen Seufzer aus. »Ich weiß nicht, was Sie von mir hören wollen, Sergeant. General Seske hat das anders gesehen, und er hat einen wesentlich besseren Überblick über das Schlachtfeld als Sie.«

»Ich war auf dem Schlachtfeld, Sir.«

»Und er hatte den großen Überblick. Es gibt keinen Grund, die Entscheidungen des Generals zu hinterfragen. Er ist schon weitaus länger als zehn Jahre Offizier.«

»Und das hält ihn irgendwie davon ab, furchtbare Entscheidungen zu treffen?«

»Zu viele Soldaten sind gestorben, bevor sie die Mauern erreichen konnten. Der Angriff hätte uns möglicherweise noch mehr Männer kosten können.«

»Oder wir hätten erfolgreich nachgesetzt und die Belagerung beendet«, gab Tamas zurück.

»Seske ist ein General. Unser General.«

»Nicht, dass er sich das verdient hätte«, grummelte Tamas.

Pereg hob eine Karte hoch und stach damit in Tamas' Richtung. »Jetzt hören Sie mal zu, Sergeant. Ich werde nicht zulassen, dass Sie

Offiziere des Königs verunglimpfen, nicht mal privat – vor allem nicht, wenn es um den Mann meiner Tante geht, selbst wenn wir nicht die allerbeste Beziehung zueinander haben. Sie sind ein verdammt guter Soldat, und ich lasse mir Ihr Verhalten gefallen, weil Sie so viel wert sind wie drei andere Sergeanten zusammen, aber vergessen Sie nicht, wer Sie sind. Sie sind ein Bürgerlicher. Seske hat adliges Blut.«

»Das ist das Problem, denke ich.«

Pereg zuckte mit den Schultern. »Und zwar eins, gegen das wir rein gar nichts tun können.«

Sie haben leicht reden, dachte sich Tamas. *Sie sind der jüngste Sohn eines Barons. In zwanzig Jahren werden Sie selber ein General sein, während ich Glück haben muss, um in derselben Zeit zum Captain aufzusteigen.*

»Sie haben heute nur einen Mann aus Ihrem Trupp verloren?«, fragte Pereg.

»Gerdin ist verwundet, aber wir glauben nicht, dass er die Nacht überstehen wird.«

»Sehen Sie?«, sagte Pereg und pulte sich etwas Sand aus dem Ohr. »Sie sollten sich glücklich schätzen. Sie haben überlebt und können morgen weiterkämpfen, und Sie haben die meisten Ihrer Männer ebenfalls wohlbehalten durchgebracht. Für mich klingt das nach einem Erfolg.«

Ich mag Sie, Pereg, aber Sie sind ein Idiot. »Wir haben Glück gehabt. Das ist alles. Captain, ich muss es über diese Mauer schaffen.«

Pereg schaute hoch von seinen Karten und warf ihm einen strengen Blick zu. »Sie denken doch wohl nicht immer noch an eine Beförderung, oder doch?«

»Sie haben es selbst gesagt, Sir, ich bin ein Bürgerlicher.« Tamas lehnte sich über Peregs Tisch. »Meine einzige Möglichkeit, ein Offizier zu werden, ist durch Tapferkeit auf dem Schlachtfeld.«

»Sie sind ein Pulvermagier«, sagte Pereg. »Eine verdammte Kampfmaschine, wie sie im Buche steht. In jedem anderen Land wären Sie allein deswegen längst gehängt worden. Die Privilegierten«, er senkte seine Stimme und schaute über die Schulter, so als ob sich ein Magier in der Ecke seines Zeltes verstecken könnte, »die Privilegierten mögen es nicht, wenn Ihresgleichen irgendwelche Macht hat. Sie sollten dankbar sein, dass Sie überhaupt zum Sergeant befördert wurden. Wenn Sie es irgendwann zum Obersergeant schaffen, können Sie stolz sein auf die Karriere, die Sie hingelegt haben. Bei Kresimir, Sie sind gerade einmal neunzehn und schon ein Sergeant!«

Pereg hatte natürlich recht. Ganz abgesehen von seinem bürgerlichen Blut – der Adel und seine Magier-Schoßhündchen verachteten Pulvermagier. Sie behaupteten, es würde sich um niedere Magie handeln, die ausschließlich vom absoluten Abschaum der Menschheit verwendet wurde. Tamas kannte die Wahrheit – er wusste, dass sie Angst vor seinen Fähigkeiten hatten. Er überlegte, wie er Pereg die Dringlichkeit seiner Lage deutlich machen konnte, wie er ihm von dem Gewicht erzählen sollte, das jeden Morgen auf seiner Brust lastete, wenn er wieder keinen Fortschritt in seiner Soldatenlaufbahn zu verzeichnen hatte. Er konnte es sich nicht erlauben, sich auch nur für einen einzigen Feldzug auszuruhen, weil er sich bei jedem Aspekt seiner Karriere mit Widrigkeiten auseinanderzusetzen hatte.

»Wenn ich muss, werde ich das verdammte Fort im Alleingang einnehmen, Sir. Ich muss nur über die Mauern kommen, und die Garnison wird fallen. Das garantiere ich.«

»Und ich«, Pereg schaute mürrisch auf seine Karten, »muss dieses Spiel gewinnen, sonst reißt meine fantastische Glückssträhne.«

Tamas wollte Pereg den Stuhl wegtreten und zusehen, wie er auf den Hintern fiel. »Die Turmdame«, sagte er.

Pereg schaute immer noch mürrisch drein, während er die Karten absuchte, dann erhellte sich sein Gesicht. »Ah, da ist sie ja. Vielen Dank, Sergeant! Geben Sie Ihren Männern eine Extraration Bier für die gute Arbeit heute.« Er schaute hoch, wobei er nachdenklich auf die Turmkönigin klopfte. »Und hören Sie auf meinen Rat – Ambitionen zu haben, ziemt sich nicht für einen Bürgerlichen. Ehrgeiz wird Sie nur ins Grab bringen.«

✦

»Wie geht es Gerdin?«, fragte Tamas, als er zu der kleinen Gruppe von Zelten zurückkehrte, die vom zweiundzwanzigsten Trupp der Neunten Infanterie seiner Königlichen Majestät belegt waren.

Der Gefreite Farthing hörte auf, mit einem langen Stück Wüstensalbei im Dungfeuer herumzustochern, und schaute hoch. Er war mittelgroß und hatte ein pockennarbiges Gesicht, das von den Jahren in der gurlischen Sonne verbrannt war. Als Tamas ihn kennengelernt hatte, war er ein dickliches Lästermaul gewesen, das bei jedem Schritt gekeucht hatte, aber die Feldzüge hatten ihn in ein gegerbtes Stück Schuhleder verwandelt. »Ist vor dreißig Minuten gestorben«, sagte er.

Tamas ließ sich neben Farthing auf einen Hocker fallen und rieb sich die Schläfen. Noch einen Mann verloren. Drei waren beim letzten gescheiterten Angriff auf die Mauern von Tilpur gefallen, und zwei beim Mal davor. Er fragte sich, ob sie sich die Mühe machen würden, ihm neue Soldaten zu geben, oder ob sie einfach vorhatten, darauf zu warten, dass es *ihn* erwischte, sodass sie seinen Trupp einem anderen Sergeant zuweisen konnten.

»Und Mordecias Arm?«, fragte Tamas.

»Ist nur ein Kratzer. In einer Woche ist sie wieder auf den Beinen, solange es nicht vereitert. Sarge, kann ich Ihnen eine Frage stellen?«

»Worum geht es?«

»Gerüchten zufolge hat ein anderer Sergeant gehört, wie ich mich heute in der Linie beschwert habe. Die werden mich doch nicht vor ein Erschießungskommando stellen, oder? Ich habe nur ein wenig vor mich hin gejammert. Die wissen das doch, oder?«

Tamas starrte in die niedrige, flackernde Glut des Dungfeuers und seufzte. »Ich werde nicht zulassen, dass die Sie erschießen, weil Sie im Angesicht des Todes ein wenig gemurrt haben, Farthing«, sagte er. »Falls irgendjemand fragt, sagen Sie denen, dass Sie einen Sonnenstich hatten. Das Schlimmste, was passieren kann, ist, dass Sie eine Woche lang Latrinen ausheben.«

Farthing stieß einen erleichterten Seufzer aus. »Danke, Sarge. Sie sind ein anständiger Kerl. Wollen Sie ein paar gute Neuigkeiten hören?«

»Immer.«

»Erinnern Sie sich an meine Cousine? Das Dienstmädchen im Gefolge von General Seske?«

»Ja.«

»Hab sie heute Nacht gesehen. Sie hat gesagt, dass wir den Befehl haben, uns zurückzuziehen. Der Angriff heute war der letzte große Vorstoß, und die hohen Tiere glauben nicht, dass Seske das Zeug dazu hat, das Fort vor Ende des Feldzugs einzunehmen.«

Tamas ließ sein Gesicht erschlaffen und zwang sich zu einem neutralen Gesichtsausdruck. Innerlich fühlte er sich, als hätte ihn jemand in die Magengrube geboxt. Das Ende des Feldzugs, und er war noch nicht zum Obersergeant befördert worden. Wenn sie sich ohne einen weiteren Kampf zurückzogen, würde er erst nächstes Jahr wieder die Chance auf eine Beförderung haben. Er konnte – und würde – nicht so lange warten. »Gut«, sagte er. »Das ist sehr gut.«

»Wie dem auch sei«, fuhr Farthing fort und warf noch einen Block Dung ins Feuer. »Wie lief Ihr Gespräch mit dem Captain?«

Tamas grunzte zur Antwort. Er hatte bereits den Ruf, ein Emporkömmling zu sein, aber selbst er wusste, dass er sich nicht bei seinen Männern über seine vorgesetzten Offiziere beschweren sollte. Außerdem hatte er neue Sorgen. Gute Neuigkeiten? Pah. Das waren furchtbare Neuigkeiten. Seine Karriere war ein weiteres Jahr lang ausgebremst, weil Seske nichts Besseres einfallen wollte, als seine Männer ins feindliche Kanonenfeuer laufen zu lassen und zu hoffen, dass den Gurlanern die Kartätschen ausgingen.

Sie saßen einige Minuten still da und hörten zu, wie jemand aus einem anderen Trupp in der Nähe ein leises Trinklied sang – in einer langsameren Version, um der Stimmung im Lager Rechnung zu tragen.

»Sarge, kann ich Sie noch was fragen?«, sagte Farthing.

Tamas nickte.

Farthing rückte seinen Hocker ein paar Zentimeter näher an Tamas heran und guckte sich um, dann senkte er den Kopf. »Das ist doch alles Schwachsinn, oder nicht? Uns zu Tausenden auf dieses verdammt große Fort stürmen zu lassen, wo die doch genau wissen, dass wir es ohnehin nicht über die Mauern schaffen. Das ist Schwachsinn. Hab ich recht?«

»Es steht uns nicht zu, das zu entscheiden«, sagte Tamas. Er spürte einen Knoten in seinem Magen. Selbstverständlich war das Schwachsinn. Der Befehl zum Rückzug hatte bestimmt keine Anweisungen für einen letzten Angriff enthalten, was bedeutete, dass Gerdin und Hunderte weitere arme Schweine wie er für Seskes Wünsche und Hoffnungen gestorben waren. So führte man keinen Krieg. Tamas war ein Sergeant, ein Pulvermagier von niederer Geburt, doch selbst er konnte das erkennen. »Aber«, fügte er hinzu, »wenn Sie nicht den Mund halten, werden Sie sich mehr einhandeln als nur Latrinendienst.«

»Jawohl, Sarge«, sagte Farthing und verstummte.

Tamas stand auf, um einen Spaziergang durch die ordentlichen Zeltreihen zu machen. Er schaute hoch zum Wüstenhimmel; dieser Ort, Tausende Meilen von zu Hause entfernt, hatte eine gewisse raue Schönheit, aber das Schönste waren für ihn die Sterne, die ohne das störende Licht der Adopester Straßenlaternen hell strahlten. Er fand einen Hügel, von dem aus er die Sterne über dem drei Meilen entfernten Fort Tilpur sehen konnte.

Aus dieser Entfernung sah das Fort aus wie ein umgedrehter Schemel, der in der Wüste steckte und volle Kontrolle über die einzige Frischwasserquelle im Umkreis von achtzig Meilen hatte. Den Gerüchten nach reichte ihre Verpflegung noch zwei weitere Jahre, und da das Fort direkt über der Quelle lag, mussten sie sich niemals Sorgen um Wasser machen.

Tilpur war noch nie gefallen. Die Kez hatten es belagert. Die Brudanier auch. Die adronische Armee belagerte es zum zweiten Mal und, wenn man General Seskes Dienstmädchen Glauben schenken durfte, war zum zweiten Mal gescheitert. Die besten Köpfe des adronischen Offizierskorps schafften es nicht, herauszufinden, wie man die Festung knacken konnte.

Nur schade, dachte Tamas verbittert, *dass die besten Köpfe des adronischen Offizierskorps inzüchtige Schwachköpfe sind, die aus den untalentiertesten Reihen des Adels stammen.*

Obwohl er selbst es auch nicht geschafft hatte, eine Schwachstelle in diesen mit Magie geschützten Mauern zu finden, so ungern er sich das eingestand. Waren wirkungsloser Artilleriebeschuss und selbstmörderische Sturmangriffe wirklich die besten Optionen für eine moderne Armee, die der Stolz der adronischen Nation war?

Er ließ seinen Blick über die weit entfernte Silhouette von Tilpur wandern und schaute hinunter zu der Stelle, wo die Quelle entsprang. Sie trat unter den Mauern des Forts hervor und speiste einen Fluss, der das ganze Jahr über Wasser trug, der wiederum eine Oase unterhalb der südlichen Mauer nährte. Die Oase erstreckte sich über mehrere Meilen; sie bot Wildtieren und auch den Adronern Zuflucht, für die es die einzige Erholungsmöglichkeit an diesem unwirtlichen Ort war. Tilpur war ein Preis, den jede Armee für sich gewinnen wollte, aber niemand schaffte es.

Alles, was er tun musste, war, mit ein paar Hundert Infanteristen die Mauern zu überwinden, und er würde das Fort in ein paar Stunden erobern ... Der Gedanke verflog, und er starrte nachdenklich auf die vom Mond beleuchtete Silhouette. Was, wenn er gar keine Kompanie brauchte?

Er sprintete zurück ins Lager, wo Farthing, Lillen und der ganze Rest um die Glut des Dungfeuers versammelt waren.

»Lillen«, sagte er, nachdem er wieder zu Atem gekommen war, »haben Sie noch den Grundriss von Tilpur, den Sie gezeichnet haben?«

Lillen kroch in ihr Zelt und kehrte einen Moment später mit einem aufgerollten Pergament zurück, das sie Tamas gab. Er breitete es auf dem Boden aus und studierte die detaillierte Zeichnung, bevor er zu Farthing schaute. »Meinen Sie, Sie können mir ein Dutzend Paare Steigeisen besorgen?«

✦

General Seske war normalerweise ein heiterer Mann, der sich nie zu weit von der nächsten Weinflasche entfernte und immer irgendeine Eingeborene oder Mitläuferin auftreiben konnte, die sein Bett teilte. Aber irgendetwas – wahrscheinlich der Rückzugsbefehl in Kombination mit der Tatsache, dass er es nicht vermocht hatte, Tilpur einzunehmen – sorgte dafür, dass er schlechte Laune hatte, als Tamas es endlich schaffte, ihn um kurz vor ein Uhr morgens aus dem Bett zu holen.

Seske war in seinen späten Vierzigern. Seine dunkle Haut kennzeichnete ihn als Ausländer, aber seine Ehe mit einer adronischen Herzogin sicherte ihm seinen Rang in der adronischen Armee. Er fuhr sich mit der Hand durch sein spärliches graues Haar, bevor er einen dünnen Seidenmantel über sein Unterhemd zog. Er schaute erst Tamas, dann Captain Pereg mit zusammengekniffenen Augen an. Pereg wirkte auch nicht viel begeisterter über die späte Stunde als Seske selber.

»Was wird das hier, Pereg?«, fragte Seske.

Pereg fummelte an seinem Zweispitz herum. »Tut mir sehr leid, dich um diese Uhrzeit aus dem Bett zu holen, Onkel, aber es gab eine, äh, eine Entwicklung.«

»Eine Entwicklung? Was für eine Entwicklung? Ich hatte gerade den allerbesten Traum. Also, wenn Tilpur nicht gerade eingestürzt ist oder Kresimir wieder unter den Sterblichen wandelt, hoffe ich, dass das Nächste, was über deine Lippen kommt, eine verdammt gute Erklärung ist.«

Tamas räusperte sich und räumte ein paar Dinge beiseite, um Lillens Zeichnung auf Seskes Kartentisch auszubreiten. »Sir«, sagte er, »es tut mir sehr leid, dass ich Ihren ... Schlaf unterbrochen habe, aber ich glaube, ich kann Ihnen geben, wonach Sie suchen.«

»Das da wäre?«

»Eine gurlische Kapitulation.«

»Pereg, wer zur verdammten Grube ist der Kerl?«

»Sergeant Tamas, Onkel. Einer der besten Infanteristen unter meinem Kommando.«

»Tamas. Tamas. Woher kenne ich den Namen?«

»Er ist der Pulvermagier, Onkel.«

Seske brummte missbilligend. »Pah. Pulvermagier. Kein Deut besser als Köter, wenn man mich fragt. Nichts für ungut, Sergeant Tommy. Ist nur meine professionelle Meinung. Ich bin mir sicher, dass

Sie ein guter Bursche sind. Man kann nichts dafür, womit man geboren wird, und so weiter. Jetzt verrate mir mal, Pereg, was zur Grube tut er in meinem Zelt?«

Tamas räusperte sich noch einmal. Späte Stunde hin oder her, aber ein General sollte eine größere Aufmerksamkeitsspanne haben als ein bockiges Kind. Er sorgte dafür, dass sein Gesichtsausdruck angemessen reserviert war. »Sir, ich habe einen Plan, um die Belagerung zu beenden.«

»Was sagen Sie da?« Seske suchte seinen Mantel ab, bis er seine Brille gefunden hatte. Er setzte sie auf und schielte Tamas an. »Was meinen Sie damit?«

»Wären Sie so frei, mir eine Frage zu gestatten, Sir?«

Seske rückte seinen Mantel zurecht und hob sein Kinn, um Tamas misstrauisch von oben herab betrachten zu können. »Nur zu.«

»Wieso haben wir noch keinen Stoßtrupp nachts über die Mauern geschickt? Männer, die die Kanonen vernageln, Kehlen aufschlitzen und ihr Pulver unbrauchbar machen – solche Dinge.«

»Nicht sehr ritterlich.«

»Krieg ist selten ritterlich«, sagte Tamas.

Seske schnaubte. »Weil so eine Aktion reiner Selbstmord wäre.«

»Nur unwesentlich selbstmörderischer als ein Frontalangriff mit unserer Infanterie.« Tamas beeilte sich, weiterzureden, bevor es Seske in den Sinn kommen konnte, sich beleidigt zu fühlen. »Aber dieses ›unwesentlich‹ ist genau das entscheidende Wort. Wenn Sie den Männern befehlen, an einer echten Selbstmordmission teilzunehmen, gibt es eine Meuterei. Liege ich da richtig, Sir?«

»Ja?«, sagte Seske. Seine Augen verengten sich.

»Selbst ein Frontalangriff oder ein Himmelfahrtskommando haben eine geringe Erfolgschance. Eine kleine Anzahl von Männern, die nachts über die Mauern klettern, würden nur umzingelt und niedergemacht werden wie Hunde, sobald sie ins Fort hinabsteigen, um die Munitionsvorräte in Brand zu setzen. Sobald sie drinnen sind, sinkt ihre Chance zu entkommen auf null. Allerdings ... wenn Sie so freundlich wären, sich das hier einmal anzusehen.«

Seske schlurfte zum Kartentisch und hob Lillens Grundriss hoch, damit er ihn im Schein der Öllampe, die von der Zeltdecke hing, betrachten konnte. »Wo haben Sie das her, Sergeant? Seit wann geben wir solch hochwertige Zeichnungen an gewöhnliche Soldaten aus?«

»Eine meiner Infanteristen hat eine Lehre bei einem Architekten gemacht, bevor sie sich verpflichtet hat«, sagte Tamas. »Sie hat den Grundriss eigenhändig angefertigt, basierend auf Berichten von unseren Spähern.«

»Oh, ich verstehe. Sie ist sehr gut.«

»Ja, Sir, das ist sie. Wenn ich Ihre Aufmerksamkeit auf diesen Punkt lenken darf«, Tamas zeigte mit dem Finger, »dann können Sie sehen, dass der Hauptbrunnen des Forts sich hier vom Innenhof etwa fünfzehn Meter in den Boden erstreckt, um eine Wasserschicht unter der Festung zu erreichen.«

»Ja.«

»Und wenn Sie hier herüberschauen, können Sie sehen, dass direkt unter dem Fort eine Quelle aus dem Felsen entspringt.«

»Selbstverständlich.«

»Ich denke, dass das die Lösung sein könnte.«

Seske betrachtete die Karte einige Momente lang mit gerunzelter Stirn; er rückte erst seine Brille zurecht, dann das Licht der Lampe über seinem Kopf. »Ich bin mir nicht sicher, worauf Sie hinauswollen. Wir haben es bereits erwägt, sie zu vergiften, aber wie jeder Tölpel weiß, fließt das Wasser aus der Wasserschicht, weshalb es unmöglich ist, ihre Wasserversorgung zu sabotieren.«

»Das ist überhaupt nicht das, was ich meinte, Sir. Denken Sie daran, ich rede von einem nächtlichen Überfall. Schauen Sie sich die beiden Stellen an, die ich Ihnen gezeigt habe. Was fällt Ihnen auf?«

Seske seufzte. »Rein gar nichts. Ich habe den ganzen verdammten Sommer jeden Tag stundenlang auf genauso eine Zeichnung gestarrt.«

Und mir zu erzählen, dass Sie etwas gefunden haben, was ich übersehen habe, würde andeuten, dass ich ein Narr sei, warnte Seskes Tonfall. Tamas unterdrückte ein frustriertes Stöhnen. Seske *war* ein Narr, aber

Tamas war nur ein Sergeant, und wenn er seinen befehlshabenden Offizier bloßstellte, konnte er seine Beförderung vergessen.

»Es ist nicht direkt offensichtlich, Sir«, heuchelte Tamas, »aber wie Sie sehen können, liegen nur ein paar Dutzend Meter zwischen dem Brunnen des Forts und der Stelle, wo die Quelle aus dem Felsen entspringt. Eine Distanz, über die man leicht die Luft anhalten kann.«

»Schlagen Sie etwa vor, dass wir Männer durch die Quelle und den Brunnen hinaufschicken?«

»Gegen die Strömung? Nein, Sir. Worauf ich hinauswill, ist, dass der Brunnen einen einfachen Fluchtweg bietet. Wenn wir, sagen wir, fünfzehn Mann mitten in der Nacht mit Seilen und Steigeisen über die Mauern schicken, könnten diese Männer die gurlischen Kanonen vernageln, ihre Pulverlager in Brand setzen, vielleicht sogar ein paar Wachen töten und dann durch den Brunnen entkommen, sobald Alarm geschlagen wird. Das klingt vielleicht nicht nach viel, aber bei dem Vorstoß heute waren wir so kurz davor, erfolgreich zu sein. Wenn wir auch nur einen kleinen Teil ihrer Kanonen außer Gefecht setzen, könnten wir einen weiteren Angriff starten und es über die Mauern und in das Fort schaffen.«

»Nicht sehr ritterlich«, murmelte Seske. »Mit solch hinterhältigen Taktiken sind wir keinen Deut besser als die Gurlaner.«

»Mag sein«, sagte Tamas. »Aber vielleicht knacken wir so Tilpur, Sir. Und der Offizier, der Tilpur einnimmt, verdient sich die Gunst des Königs.«

Seske schaute auf die Karte, dann zu Tamas, dann zu Pereg. »Sei ehrlich«, sagte er zu Pereg, »ist das ein Witz?«

»Kein Witz«, antwortete Pereg. »Es ist gut durchdacht.«

»Du hast auch das strategische Verständnis einer Kartoffel, Pereg.« Seske schlug mit der Rückhand auf die Karte. »Angenommen, eine Gruppe von Männern schafft es, die Mauern zu erklimmen und genügend Kanonen zu vernageln, dass es die Anstrengung wert ist, ist es immer noch eine Selbstmordmission. Jeder Narr kann das erkennen. Man müsste schon verflucht arrogant oder verdammt verzweifelt sein, um sich für diese Mission freiwillig zu melden.«

»Ich möchte jemanden vorschlagen, der beides ist, Sir«, sagte Tamas.

»Ach ja? Wen denn?«

Tamas lächelte. »Mich, Sir.«

✦

»Ich habe doch gesagt, Sie sollen mir Steigeisen bringen.«

»Bitte vielmals um Verzeihung, Sarge«, gab Farthing zurück, »aber das hier ist nicht die verfluchte Bergwacht. Wir sind mitten in der Wüste.«

Tamas drehte sein Paar Ersatzstiefel in den Händen und betrachtete Farthings Arbeit. »Das ist nur eine Kette, die um die Zehen und die Ferse gewickelt ist.«

»Gut genug für den Notfall«, sagte Farthing.

»Kann man damit eine Mauer hochklettern? Und das hier ist kein Pickel, das ist ein Bajonett, bei dem die Spitze zum rechten Winkel verbogen wurde.«

»Und mit einer Schlaufe für das Handgelenk, falls Sie mal den Halt verlieren«, betonte Farthing stolz. »Gar nicht schlecht für nur ein paar Stunden Arbeit, wenn ich das mal so sagen darf.«

»Und wie viele Paare haben Sie davon?«

»Fünf Paar Steigeisen und zwei Paar Picken, Sarge.«

Fünf. Tamas brauchte zwölf bis fünfzehn Mann, damit diese Aktion gelingen konnte. Fünf Soldaten würden schnell vorgehen müssen und hatten keine Chance, sich freizukämpfen, falls sie umzingelt wurden. Aber fünf würden reichen müssen. Nein, dachte er dann, als er noch mal überlegte. So könnte es sogar besser sein. Fünf Mann würden sich wesentlich leiser bewegen als fünfzehn. »Ein Paar ist für mich«, sagte er. »Den Rest losen wir aus.«

»Bitte um Verzeihung, Sir, aber ich lasse Sie da nicht mit meiner Ausrüstung hochklettern, ohne selber mitzukommen«, sagte Farthing. »Wir losen die anderen drei aus. Ich bin dabei.«

Tamas warf einen Blick runter zu der Kette, die um den Zehenbereich seines Stiefels gewickelt war. »Freut mich, dass Sie Ihr Leben auf das Zeug verwetten. Nun gut. Der Mond nimmt ab. Morgen Nacht geht es los. Beten wir für Nebel.«

Wie sich herausstellte, mussten sie sich um einen klaren Himmel keine Sorgen machen. Am nächsten Morgen zogen Wolken über der Wüste auf, und bis zum Abend hatte Donnergrollen dafür gesorgt, dass sich die Armee in den Zelten verbarrikadierte; jedes Fitzelchen an Ausrüstung war am Boden verankert worden, und bei Anbruch der Nacht waren nur noch die bedauernswerten Infanteristen zu sehen, die Wachdienst hatten. Der Wind wirbelte durch das Lager; sporadische Regenschauer durchtränkten den rissigen Untergrund und zwangen einige Soldaten, mit ihren Zelten auf höher gelegenen Boden umzuziehen, um nicht überschwemmt zu werden.

Es wurden Lose gezogen, und Tamas führte seinen kleinen Trupp durch das Niemandsland zwischen der adronischen Artillerie und Tilpur. Farthing, Lillen, Krimin und Olef begleiteten ihn, wobei es sich bei den letzten beiden um den Koch und den Trommler der Einheit handelte. Sie zogen direkt nach Einbruch der Dunkelheit los und schlichen sich durch die Wüste. Vor den schlimmsten Blitzen suchten sie unter Wüstenbüschen Deckung.

Als sie den Fuß des Forts erreichten, war der Regen zur Sturzflut geworden. Tamas rutschte das Herz in die Hose, als er zu den glitschigen, unheilverkündenden Mauern hochschaute, die zehn Meter in die Höhe ragten.

Das hier war absoluter Selbstmord.

»Hier.« Farthing verteilte Streifen von gegerbter Tierhaut. »Steckt euch das zwischen die Zähne. Falls ihr fallt, beißt stärker zu und hofft, dass der Boden weich ist. Wenn jemand schreit, sind wir alle tot.«

Tamas bedeutete seinem Trupp, sich um ihn zu scharen und die Köpfe zusammenzustecken. Er zeigte hoch zu den Mauern und hoffte, dass er gerade nicht vier Soldaten mit sich in den Tod zog. »Seht ihr diese Mauern?«, fragte er. Seine Stimme wurde von dem Starkregen davongetragen. »Sie sind heute Nacht unser erbittertster Feind. Sie bestimmen, ob wir für alle Ewigkeit unter dieser gottverlassenen gurlischen Wüste ruhen oder als Helden nach Hause gehen werden, und ich persönlich bevorzuge Letzteres.«

Die Soldaten gluckten, aber er redete mit ernster Stimme weiter. »Hier geht es nicht um faule Eitelkeit«, sagte er. »Hier geht es nicht darum, Männer geradewegs in Kartätschen und Magie hineinmarschieren zu lassen. Hier geht es um fünf Infanteristen, die Scheiße fressen mussten und die vorhaben, diese verdammte Belagerung auf ihre eigene Art zu beenden und nicht auf die Art ihrer Möchtegern-Anführer.« Er hielt inne und schirmte seine Augen vor dem Regen ab. »Denn entweder gehen wir nach Hause und verbringen den Winter in Adopest, nur um zurückzukommen und wieder dem Tod entgegenzumarschieren. Oder wir schaffen das, was fünftausend Mann nicht geschafft haben, und nehmen dieses verdammte Fort ein. Seid ihr dabei?«

Vier Fäuste wurden in einem stillen Salut gegen die Brust geschlagen.

»Ich hätte lieber euch als die gesamte adronische Armee«, sagte Tamas, und als er die Worte aussprach, merkte er, dass er sie auch so meinte. »Klettern wir los.«

Farthing, der mit Abstand erfahrenste Kletterer, war als Erstes dran. Tamas zählte bis sechzig, bevor er sich eine Schwarzpulverladung auf die Zunge streute und Farthing folgte. Er benutzte die verbogenen Bajonette als Pickel und suchte mit den Bajonettspitzen nach Spalten im Mauerwerk. Er sicherte jeden Fußhalt sorgfältig ab und arbeitete sich Zentimeter um qualvollen Zentimeter nach oben. Obwohl sie vom Pulver gestärkt waren, brannten seine Muskeln innerhalb weniger Minuten, und seine Beine zitterten von der ungewohnten Belastung.

Er biss fester auf sein Stück Leder und spürte, wie schwer die Waffen und Werkzeuge waren, die an seinem Gürtel hingen. Bei jedem Windstoß durchfuhr ihn ein Schauder und brachte seinen Körper gefährlich zum Schaukeln. Er wagte es weder, hoch in den prasselnden Regen zu schauen, noch nach unten, aus Angst, dass er einen Schwindelanfall erleiden würde.

Er rechnete jeden Moment damit, dass er ein loses Stück Mauerwerk erwischte und hinunterstürzte oder dass eine Wache ihn entdeckte und Alarm schlug. Die Ketten unter seinen Zehen rutschten beim Klettern, und seine Pickel kratzten zu laut am Stein.

Immer wieder hielt er inne und streckte seine magischen Sinne aus, um nach Schwarzpulver zu fühlen. In den Türmen zu seiner Linken und seiner Rechten befanden sich große Mengen Pulver, die wie Glühwürmchen an einem warmen Frühlingsabend in Adro zusammenhingen. Anscheinend gaben sich die Wachen damit zufrieden, sich unterzustellen und anzunehmen, dass der Sturm einen nächtlichen Angriff verhinderte.

Endlich erreichte Tamas die Brüstung; er erholte sich kurz, bevor er einen tiefen Atemzug nahm und sich hochzog, um einen Blick darüber zu werfen.

Farthing war bereits auf der anderen Seite und machte ein Seil fest, um es runterzulassen. Mit zitterndem Leib zog Tamas sich über die Brüstung und fing an, sein eigenes Seil hinunterzulassen. Sie machten zusammen ein drittes Seil fest, dann lehnte sich Tamas über die Brüstung, um den drei kaum wahrnehmbaren Figuren unten am Boden zuzuwinken.

Er schaute zu, wie sie mit ihrem Aufstieg begannen, dann richtete er seine Aufmerksamkeit auf die Türme. Wie er seinen Männern vor dem Aufstieg gesagt hatte, war das Erklimmen der Mauern nicht ihre einzige Sorge. Es war erst der Anfang. Sein Herz hämmerte in seiner Brust, als er sein Messer zog und sich auf den näher gelegenen der beiden Türme zubewegte.

Die Wachstube im Turm war leise, dunkel und kühl. Er konnte das Schwarzpulver im Inneren spüren – genügend Pulverladungen für zwei Mann. Er schob die Tür langsam auf; er zuckte zusammen, als sie knarrte, aber von drinnen ertönte nur Schnarchen.

Tamas kauerte sich neben die beiden gurlischen Wachen und schaute zu, wie sich ihre Brustkörbe hoben und senkten. Sie lagen aneinandergelehnt da, ihre Gesichter ausgemergelt, aber friedlich, und schliefen den tiefen Schlaf der Erschöpften. Ihre Uniformen waren zerrissen und schmutzig und an Dutzenden Stellen geflickt worden mit irgendwelchen Materialien, die sie während der Belagerung hatten auftreiben können. Er zögerte, als er sein Messer hob. So lächerlich er die Idee von ritterlicher Kriegsführung auch fand, das hier war etwas anderes, als auf der Brüstung oder auf dem Schlachtfeld zu kämpfen. Das hier war Mord.

Andererseits, überlegte er, was waren schon ein paar kaltblütige Morde verglichen mit all den Adronern, die sonst beim Versuch, diese Festung einzunehmen, sterben würden?

Er schnitt dem ersten Wachmann die Kehle durch, dann stach er dem zweiten mit zwei schnellen Hieben einmal in die Lunge und einmal ins Herz. Sie starben aneinandergelehnt, so wie sie geschlafen hatten, und Tamas wischte sich das Blut von seinem Messer.

Er fand die Kanonen im Dunkeln; seine Pulvertrance steigerte seine Sinne ins Übernatürliche und erlaubte es ihm, besser als die meisten zu sehen. Er holte einen Nagel mit Widerhaken aus seinem Gürtel und positionierte ihn über dem Zündloch einer der Kanonen, dann hob er seinen Hammer und schaute durch das Fenster zum Himmel. Es blitzte, und er schlug mit dem Hammer zu, als der Donner folgte. Das Ganze wiederholte er fünfmal, wobei er jeden Nagel mit drei Schlägen in das Zündloch trieb, bevor er wieder nach draußen ging, um Farthing und die anderen zu finden.

Die Messer der anderen tropften; sie hatten sich um den gegenüberliegenden Turm gekümmert. Tamas scharte sie mit einer Geste um sich und zeigte auf den nächsten Turm. »Vernagelt so viele Kanonen, wie ihr könnt«, sagte er leise. »Sobald ihr hört, dass Alarm geschlagen wird, rennt ihr zu den Seilen und klettert so schnell wie möglich von der Mauer.«

»Was meinen Sie damit?«, fragte Lillen und rückte ihre durchnässte Jacke zurecht. »Ich dachte, wir benutzen den Brunnen als Fluchtweg?«

»Der Brunnen ist ein nasses Grab.« Tamas schüttelte den Kopf. »Eine Lüge, die ich Seske aufgetischt habe, damit er die Mission genehmigt.«

»Wir zünden also ihre Munition nicht an?«, fragte Farthing mit einem mürrischen Gesichtsausdruck.

»Ich kümmere mich darum«, sagte Tamas. »Alleine.«

»Das ist Selbstmord.«

»Ich bin schneller als ihr alle zusammen. Ich zünde ihre Munition an und bin wieder zurück, bevor ihr fertig seid. Wir verschwenden Zeit. Setzt euch in Bewegung.«

Er würgte die restlichen Proteste ab und tauschte bei Farthing seinen Hammer, die Nägel und sein Stiefelmesser gegen ein langes, großes Messer und eine geladene Pistole ein. Er überprüfte, dass das Pulver trocken war, dann schlich er sich allein die ganze Länge der Mauer entlang und betrat die Wendeltreppe des nächsten Turmes.

Er erreichte das Erdgeschoss ohne Zwischenfall und hielt neben einer dicken Holztür an, um zu lauschen. Über den Donner hinweg drangen leise Stimmen zu ihm durch. Als er die Tür einen Spalt öffnete, erspähte er eine kleine Gruppe gurlischer Soldaten, die im Kreis hockten und im Schein einer einzelnen Öllampe ein Würfelspiel spielten. Er schaute ihnen einen Moment lang zu, während er eine neue Pulverladung hervorholte, um sie sich auf die Zunge zu streuen.

Mit dem körnigen Pulver zwischen den Zähnen zog Tamas Farthings Messer und nahm einen langen, tiefen Atemzug.

Er stürmte in die Wachstube und überbrückte die Distanz zwischen der Tür und den würfelnden Infanteristen mit zwei langen Schritten. Sein Herz klopfte, die Energie der Pulvertrance durchströmte ihn und ließ die Bewegungen der Infanteristen langsam und behäbig wirken.

Er tötete den Schnellsten von ihnen, als dieser nach seiner Muskete griff. Die Zweite verlor ihr Leben durch einen Messerstich von Tamas, während der Dritte es schaffte, sein eigenes Messer zu ziehen und Tamas' Hieb abzuwehren; er rannte mit einem Schrei auf den Lippen zur Tür. Tamas sprang ihm nach, drehte das Messer in der Luft herum und rammte es dem Mann ins Genick, dann riss er es los und rammte es ihm noch mal zwischen die Rippen.

Tamas drehte sich um, als der vierte Wachmann auf ihn losging und Tamas seinen Gewehrkolben mit genügend Wucht gegen den Kiefer rammte, um ein Kamel umzuhauen. Tamas taumelte zurück;

sein Kopf dröhnte von dem Schlag, und er war froh, dass die Pulvertrance ihn bei Bewusstsein hielt. Er fing den nächsten Schlag ab und riss dem Mann die Muskete aus den Händen, dann rammte er ihm den Schaft gegen den Hals. Der Gurlaner sackte keuchend und gurgelnd zusammen.

Tamas' Hände zitterten von dem raschen Kampf, sein Atem ging schnell. Sein Kopf hämmerte, und er hatte einen Schnitt quer über seinen Oberschenkel – in seiner Pulvertrance fühlte er nur ein weit entferntes Brennen. Es fiel ihm schwer zu denken durch den Nebel, und seine übermenschliche Sicht schien besonders beeinträchtigt worden zu sein von dem Schlag gegen seinen Kopf. Mehr Pulver half nichts dagegen.

Die Verlockung war groß, den Turm wieder hochzulaufen und seinem Trupp zurück über die Mauer zu folgen. Sie hatten doch sicherlich genug Kanonen vernagelt? Würde es überhaupt einen Unterschied machen, wenn er ihre Munitionsvorräte zerstörte?

Natürlich würde es das. Vernagelte Kanonen würden die Garnison behindern. Ein zerstörter Munitionsvorrat würde ihren Kampfgeist vernichten und vielleicht sogar eine Kapitulation erzwingen, sodass kein adronisches Blut mehr vergossen werden musste. Tamas konnte jetzt nicht aufhören. Er war zu kurz vor dem Ziel. Seine Männer brauchten ihn.

Er konnte eine große Menge Pulver unter dem nächsten Turm spüren. Aber er würde sich beeilen müssen. Er rannte ohne Zwischenfall zur nächsten Wachstube und schaute durch den Regen hoch, um zu sehen, wie weit sein Trupp gekommen war. Er konnte dunkle Gestalten erkennen, die sich über die Kanonen beugten und sich langsam die Mauer entlangarbeiteten. Kein Alarm.

Noch nicht.

Er brach die Kette vor dem Gittertor des Munitionslagers mit ein paar festen Schlägen mit dem Griff seines Messer auf, dann schlich er sich in kompletter Dunkelheit die Treppe hinunter, wo er selbst mit seiner Pulvertrance-Sicht, eingeschränkt wie sie war, die Umrisse der Stufen und Wände nur erahnen konnte.

Das Treppenhaus wurde kühl und leise, die Geräusche des Regens verschwanden, und der Donner klang gedämpfter, je tiefer er hinabstieg. Die Treppe führte hinunter zu einem offenen Raum mit Fässern, bei denen er fühlen konnte, dass sie voll mit Schießpulver waren. Tamas ertastete sich seinen Weg und stemmte bei mehreren Fässern den Deckel mit dem Messer auf, bevor er sie umkippte und willkürlich durch den Raum trat. Er konnte den Schwarzpulverstaub auf seinen Lippen schmecken.

Er schnappte sich ein Pulverfass und streute eine Linie von der Mitte des Raumes bis zum Fuß der Treppe, wo er eine Zündschnur aus seiner Tasche holte und über die ersten paar Treppenstufen ausrollte. Er drückte eine Prise Schwarzpulver an das Ende der Zündschnur und konzentrierte seine Magie auf das Pulver.

Die Schnur entzündete sich; sie beleuchtete das Munitionslager und warf Schatten an die Wände. Tamas schaute der Flamme ein paar Momente lang zu, wie sie sich zischend auf das Schwarzpulver zubewegte. Er war wie hypnotisiert.

Bis ein Geräusch seine Aufmerksamkeit erregte.

Es war ein entfernter, gedämpfter Schrei, aber im Bruchteil einer Sekunde war er auf den Füßen und sprintete die Treppe hoch zum Innenhof. Er kam aus dem Munitionslager hinausgerannt und fand sich in einem Durcheinander aus brüllenden Gurlanern wieder. Ein halbes Dutzend Soldaten kam aus den Kasernen in den Regen gestürmt, ihre Musketen auf die vier Gestalten gerichtet, die oben auf der Mauer entlangrannten. Tamas streckte seine Sinne aus und entzündete ihr Pulver mit seinen Gedanken. Die Explosionen rissen die Musketen in Stücke und versengten die Gesichter der Gurlaner. Ein Pechvogel mit einem Pulverhorn um seine Hüfte wurde von der Detonation glatt entzweigerissen.

Drei Mann kamen aus der nächsten Wachstube gelaufen. Tamas stürzte sich mit gezücktem Messer nach vorne und machte kurzen, blutigen Prozess mit den Soldaten, bevor er nach drinnen rannte. Während er die Treppe hinauflief, zog er seine Pistole und hörte die Rufe der gurlischen Soldaten, die in den Innenhof schwärmten. Er streckte seine Sinne aus und entzündete alles Pulver, das er finden konnte.

Es reichte nicht. Als er oben auf der Mauer angekommen war, war der Hof unter ihm voller Soldaten, die ihre Musketen erhoben hatten und blind auf die Brüstung feuerten. Tamas riskierte einen Blick aus der Wachstube, und sein Herz rutschte ihm in die Hose.

Er war im Hof falsch abgebogen und die falsche Treppe hinaufgelaufen. Die Seile waren auf der anderen Seite des Forts. Sein Trupp war verschwunden – ob sie gefangen genommen worden waren oder es bereits über die Brüstung geschafft hatten, wusste er nicht, aber er war allein in einem Wespennest voller gurlischer Soldaten ohne eine Möglichkeit, es von den Mauern zu schaffen. Ein Sprung aus zehn Metern Höhe würde ihm mindestens die Beine brechen, selbst in der Pulvertrance.

Er würde zu den Seilen rennen müssen.

Nur ein sechster Sinn, der in seinem Hinterkopf kribbelte, sorgte dafür, dass er einen Satz zurück in die Wachstube machte, gerade als Feuer über die Brüstung fegte und ihn fast erblinden ließ mit seiner Helligkeit. Sein Mund wurde trocken.

Der gurlische Privilegierte hatte sich der Jagd angeschlossen.

Über wie viele Privilegierte verfügte die Garnison? Einen? Zwei? Er konnte sich nicht daran erinnern. Er wusste, dass er gegen einen Privilegierten keine dreißig Sekunden überleben würde. Wenn er sich zeigte, würde er augenblicklich eingeäschert werden. Wenn er hierblieb, würde er eingeäschert werden, sobald sie ihn fingen. Langsam klangen zwei gebrochene Beine nach einer guten Option.

Er streckte seine vom Pulver verstärkten Sinne aus und suchte nach dem Privilegierten. Er konnte einen in der Nähe spüren, unten im Hof, und einen zweiten nicht viel weiter entfernt ... Er war auf dem Weg zu der Stelle auf der Mauer, wo Farthings Seile ihren Fluchtweg markierten.

Der Privilegierte machte Jagd auf Tamas' Trupp. Er würde alle vier unten am Boden der Wüste mit einem bloßen Fingerschnippen töten. Sie würden tot sein, bevor sie die Gelegenheit hatten, zu schreien.

Tamas hob seine Pistole und betete, dass der erste Privilegierte unten im Hof nicht in seine Richtung schaute.

Er lehnte sich aus der Wachstube und fand den zweiten Privilegierten: Er erkannte ihn in der Finsternis an seiner magischen Aura und den weißen Handschuhen, die er über seinen Kopf erhoben hatte. Es war kein weiter Schuss, nicht weiter als maximal fünfzig Meter, aber unter diesen Umständen und mit einer Pistole war er nahezu unmöglich.

Für jeden, der kein Pulvermagier war.

Tamas atmete langsam aus und zwang sich, die Hand ruhig zu halten, als er den Abzug drückte. Er trieb die Kugel mit seiner Willenskraft an, nahm die Energie dazu aus einer Pulverladung in seiner anderen Hand und steuerte die Flugbahn der Kugel unter Berücksichtigung von Wind und Regen mit seinen Gedanken. Die Kugel war eine gefühlte Ewigkeit in der Luft – in Wahrheit konnte es nicht mehr als ein Bruchteil einer Sekunde gewesen sein – und pustete dem Privilegierten glatt den halben Schädel weg.

Tamas warf die Pistole weg und sprang zurück in die Wachstube, als Flammen gegen die Wand zu seiner Linken schlugen. Er wartete mit hämmerndem Herzen und dachte darüber nach, zu springen.

Er konnte Stiefel und geflüsterte Befehle auf der Treppe unter ihm hören. Er streckte seine Sinne aus, berührte das Pulver und ging vor der Explosion in Deckung. Früher oder später würden sie herausfinden, wer er war – was er war –, und der Privilegierte würde den gesamten Turm von oben bis unten in Flammen baden.

Er spürte das Lederstück in seiner Tasche und erinnerte sich an Farthings Worte: *Steckt euch das zwischen die Zähne. Falls ihr fallt, beißt stärker zu und hofft, dass der Boden weich ist.* Er steckte es sich zwischen die Zähne.

In dem Moment erinnerte er sich an etwas, das er im Hof gesehen hatte, keine vier Meter entfernt von der Stelle, an der er den Privilegierten spürte: der dunkle, steinerne Abgrund des Fortbrunnens. Er stellte sich Lillens Zeichnung vor seinem inneren Auge vor und dachte über den fünfzehn Meter tiefen Fall ins kalte Wasser nach.

Die Überlebenschancen standen besser als bei einem Sprung von der Mauer, und wahrscheinlich würden sie ihn nicht verfolgen.

Tamas streckte seine Sinne aus und versuchte ein Gefühl dafür zu bekommen, wie weit genau der Privilegierte von ihm entfernt war – dreieinhalb Meter entlang der Mauer, zweieinhalb Meter davon entfernt, und etwa zehn Meter unter ihm.

»Ich hoffe nur«, murmelte Tamas vor sich hin, als er sich aufrappelte, »dass der Scheißkerl fett ist.«

Tamas rannte aus der Wachstube; er machte zwölf Schritte auf der Brüstung, dann stieß er sich mit jedem Fitzelchen Kraft, die das Pulver hergab, ab und sprang in den Hof. Mit rudernden Armen segelte er durch die Luft, und seine Eingeweide wurden zu Pudding, als der dunkle Boden voller gurlischer Infanterie auf ihn zuraste.

Das Letzte, was er vor dem Aufprall sah, waren weiße Handschuhe, die nach oben gereckt wurden. Dann prallte er gegen einen Körper, und der Privilegierte sackte mit einem Schrei unter ihm zusammen. Tamas rollte sich ab und schaffte es, auf die Füße zu kommen, fiel aber fast über den Knöchel, den er sich verstaucht hatte. Eine Kugel aus einer hastig abgefeuerten Muskete durchschlug seine Schulter; er biss die Zähne zusammen gegen den Schmerz und ließ alles Pulver in Reichweite explodieren. Die Detonation betäubte seine Ohren, und während er hastig auf den Brunnen zu humpelte, hoffte er, dass sie genügend Chaos angerichtet hatte.

Eine weitere Kugel zerfetzte den Ärmel seiner Jacke, und noch eine weitere surrte an seinem Ohr vorbei. Der Rauch von dem entzündeten Pulver hing in der feuchten Luft; er füllte seine Lungen und trieb ihn voran. Er erreichte den Rand des Brunnens und warf sich hinein, wohl wissend, dass der Fall ihn womöglich töten würde.

Es machte keinen Unterschied, er musste einfach nur hier weg.

Er schlug auf etwas Hartem auf – einen Moment lang war er vollkommen verwirrt, bevor er begriff, warum sein Fall aufgehalten worden war: Über dem Brunnen war ein Eisengitter angebracht. Da lag er nun mitten in dem gurlischen Fort und saß wie eine Ratte in der Falle.

Er würde so sterben, wie er gelebt hatte: arrogant, verzweifelt und immer noch ein gottverdammter Sergeant.

Ein gurlischer Infanterist stand über ihm. Hände packten Tamas am Knöchel und am Arm und versuchten, ihn hochzuziehen. Tamas griff nach Farthings Messer, nur um festzustellen, dass es nicht mehr in seiner Scheide war. Hilflos schaute er dabei zu, wie der Infanterist seinen Gewehrkolben hob und damit auf seinen Kopf einschlagen wollte. Tamas hob eine Hand, um den Schlag abzuwehren. Er spürte einen stechenden Schmerz, als sein Handgelenk brach.

Unter ihm regte sich etwas. Metall rieb gegen Metall, als das Eisengitter nachgab. Tamas schnappte nach Luft, dann befand er sich plötzlich im freien Fall. Die Dunkelheit des Brunnens verschluckte ihn, und der Anblick des gurlischen Infanteristen rückte rasend schnell in die Ferne. Seine Beine schlugen gegen die Brunnenwand, und er stürzte Hals über Kopf in die Tiefe, bis er weit unten auf dem Wasser aufschlug.

Der Aufprall raubte ihm den Atem, und er versank benommen in der Dunkelheit. Er spürte, wie seine Glieder über bemoosten Stein schrammten und ihn der Schmerz von seinen Wunden so übermannte, dass er jedes Gefühl verlor. Er suchte verzweifelt nach Halt und Luft, konnte aber keines von beiden finden.

Er spürte, wie seine Glieder schwach wurden, und konnte sich nur mit Mühe davon abhalten, Wasser einzuatmen.

Eine Erschütterung ging durch das Wasser, und dann verlieh ihm ein Lichtschimmer von irgendwoher einen letzten Schub Kraft. Er stieß sich nach vorne ab, und plötzlich durchbrach sein Kopf die Wasseroberfläche, während er von der Strömung des Flusses unter Tilpur mitgetragen wurde.

Weit über ihm küssten Flammen den Himmel über dem Fort. Er starrte ungläubig hoch und konnte zunächst an nichts anderes als an die Luft in seiner Lunge denken, bevor ihm dämmerte, dass der Munitionsvorrat explodiert war. Mit einem Lachen, das als ein ersticktes Schluchzen hervorkam, kämpfte sich Tamas an Land.

✦

Drei Tage nach seinem Überfall betrat Tamas die Festung Tilpur durch das Haupttor. Sein Arm hing nutzlos in einer Schlinge, sein Handgelenk war geschient und bandagiert, und seine Uniformjacke hing über seiner Schulter. Alles tat ihm weh – sein Kopf, sein Handgelenk, seine Rippen, seine Schulter, seine Beine. Eine leichte Pulvertrance sorgte dafür, dass der Schmerz nur ein leises Surren in seinem Hinterkopf war. Er fühlte sich nackt ohne seine Muskete über der Schulter oder einen Tschako auf dem Kopf, und den Innenhof bei Tageslicht zu sehen, jagte ihm einen kalten Schauer über den Rücken. Halb erwartete er, dass sich ein gurlischer Soldat aus dem Kasernenfenster lehnte und auf ihn schoss.

Aber alle gurlischen Streitkräfte hatten das Fort vor zwei Tagen verlassen. Weniger als sechshundert Mann hatten die Explosion des Munitionslagers überlebt, und viele von ihnen waren verwundet worden. Der Kommandant der Garnison hatte sofort um eine Verhandlung gebeten und bedingungslos kapituliert. Die Gurlaner waren entwaffnet worden und lagerten jetzt draußen in der Wüste, während die adronischen Offiziere entschieden, was sie mit ihnen anfangen sollten.

Es war zweifellos der größte Wendepunkt des Feldzuges, wenn nicht sogar der gesamten Kampagne. Und General Seske hatte Tamas immer noch nicht zu sich gerufen.

Er blieb im Innenhof stehen und schaute den adronischen Soldaten zu, wie sie Reparaturen vornahmen. Bei der Explosion war ein großer Teil des Innenhofs eingestürzt, und die Kaserne war fast vollständig zerstört worden, als der Boden unter ihr fast einen halben Meter abgesackt war. Es wurden immer noch Leichen aus den Trümmern geborgen, und das magisch geschützte Mauerwerk der Innenmauer wurde vom Ruß und der Asche der Explosion sauber geschrubbt.

General Seske stand oben auf der Mauer in der Nähe der Stelle, wo Tamas und sein Trupp hinaufgeklettert waren, und überwachte den ganzen Vorgang. Er war umgeben von Adjutanten und hatte ein breites Lächeln auf dem Gesicht, während er Befehle erteilte und mit seinen Offizieren Witze machte; er hatte die Daumen in seinen Gürtel gehakt und seinen Zweispitz nach vorne geschoben, so als hätte er Tilpur eigenhändig erobert.

Das verhieß nichts Gutes, dachte Tamas.

Seskes Blick wanderte zu Tamas; einen winzigen Moment lang verweilte er dort, und sein Lächeln verschwand, dann schaute er wieder weg. Anstatt den Mann, der ihm gerade eine feindliche Festung auf dem Tablett präsentiert hatte, mit einer Geste oder einem Grinsen zu würdigen, scherzte er weiter mit seinen Offizieren.

Tamas machte einen Rundgang durch das Fort; er schaute sich die Reparaturen an, warf einen Blick in den Brunnen und nahm das uralte, verrostete Gitter in Augenschein, das ihn beinahe das Leben gekostet hatte. Er maß fünfzehn Schritt vom Brunnen ab, scharrte mit dem Fuß über den schwarzen, besudelten Stein und gluckste in sich hinein. Er hatte später erfahren, dass der Privilegierte, auf dem er gelandet war, fast augenblicklich gestorben war – bei dem Zusammenprall war seine Wirbelsäule wie ein Zweig zersplittert worden. Der dunkle Fleck unter Tamas' Stiefel war wahrscheinlich sein Blut.

»Sergeant«, sagte eine Stimme.

Als Tamas hochschaute, merkte er, dass einer von Seskes Adjutanten neben ihm stand.

»Ja?«

»Der General möchte Sie sprechen.«

Tamas folgte dem Adjutanten zum nächsten Torhaus und ging mit ihm die steile, enge Treppe hoch, wobei der Schmerz in seiner Seite mit jedem Schritt schlimmer wurde. Als sie den Treppenabsatz erreichten, war er schweißnass, und ihm war etwas schwindelig. Er suchte seine Taschen nach einer Pulverladung ab, fand aber keine.

Seske war allein, als Tamas zu ihm stieß. Der General betrachtete das gurlische Gefangenenlager mit einem finsteren Gesichtsausdruck. Er drehte sich nicht um, als Tamas sich ihm näherte. Tamas salutierte mit der linken Hand. »Sir.«

»Ich nehme an«, sagte Seske, »Sie denken, dass Sie hierfür eine Beförderung erhalten?«

Tamas ließ seine Hand sinken und versuchte, gegen den Schwindel anzukämpfen. Seine Pulvertrance war fast komplett abgeklungen. »Das würde ich mir niemals anmaßen, Sir.«

»Nein. Nein, das würden Sie nicht. Ich habe mit Pereg gesprochen. Er war ziemlich begeistert über die Kapitulation der Gurlaner und hat mir verraten, dass Sie ein Mann mit Ambitionen sind. Sie wollen ein Offizier werden. Ist das wahr?«

Tamas wurde der Mund trocken. Er nahm einen tiefen Atemzug, um sich zu beruhigen. »Ich würde meinem König gerne als Offizier dienen, Sir.«

»Das ist also ein Ja?« Seske schüttelte den Kopf. »Das werde ich nicht zulassen. Nicht in dieser Armee.«

Tamas verkniff sich eine wütende Erwiderung. Dafür gab es doch sicherlich einen guten Grund? »Ich verstehe nicht ganz, Sir.«

»Der König wird mir wahrscheinlich Ländereien geben für diesen Sieg. Pereg wird zum Major befördert werden, was seine Tante unermesslich freuen wird, und für beides haben Sie meinen Dank. Aber ein Offizier sollte adliges Blut haben. Es gibt nichts, was mich vom Gegenteil überzeugen kann. Sie selbst trifft keine Schuld. Ich verstehe, dass Sie nichts für Ihre Geburt können. Aber so ist nun einmal der Lauf der Dinge, und Sie werden sich daran gewöhnen müssen.«

Ich habe seinen Dank? Tamas schaute zu Seske, dann schaute er zum Rand der Mauer, hinter der es steil hinabging. Ein kleiner Stoß und ... und was? Und er würde vor ein Militärgericht gezerrt und dann erschossen werden? Nur um einen einzigen Aufschneider zum Schweigen zu bringen?

»Sie werden hierfür keine Beförderung erhalten«, sagte Seske, »aber Sie werden mit zusätzlichem Sold belohnt werden. Wenn Sie das nächste Mal in Adopest sind, wird der König Ihrem gesamten Trupp Medaillen verleihen. Ich habe sogar eine Empfehlung ausgesprochen, dass Ihre Wunden von einem Privilegierten geheilt werden, um Ihre Genesung zu beschleunigen. Immerhin kann ein Mann wie Sie unfassbar nützlich sein. Vielleicht werde ich Sie als Berater zur Belagerung von Herone schicken.« Er hielt inne. »Ach, nun schauen Sie nicht so betrübt. Sie werden es in ein paar Jahren zum Obersergeant schaffen. Aber wie Sie selbst gesagt haben ... Sie sollten sich nichts anmaßen. Sie dürfen wegtreten, Sergeant.«

Tamas starrte Seske mehrere Momente lang ungläubig an. Er wollte keinen zusätzlichen Sold oder Seskes Dank. Die verdammte Medaille war ihm scheißegal. Er wollte die Beförderung zum Offizier – eine Beförderung, die er sich verdient hatte, indem er zwei gurlische Privilegierte getötet und das Fort fast eigenhändig eingenommen hatte. Seskes selbstzufriedenem Gesichtsausdruck nach dachte der General wohl, dass Tamas ihm auch noch dankbar sein sollte, dass er ihn nicht beförderte. Tamas konnte förmlich hören, was in Seskes Kopf vorging: *Es ist zu Ihrem eigenen Wohl, Sie gewöhnlicher Emporkömmling.*

»Ich habe gesagt, Sie dürfen wegtreten, Sergeant.«

»Vielen Dank, Sir«, brachte Tamas hervor und salutierte halbherzig. Seske schien es nicht zu bemerken.

Er wankte die Treppe hinunter; er schaffte es kaum, sich auf den Beinen zu halten, und machte eine Pause in der Wachstube im Hauptgeschoss des Turmes. Er lehnte seinen Kopf gegen den kalten Stein. War das alles, was er von seiner Karriere zu erwarten hatte? Hatten seine Vorgesetzten irgendeinen Respekt vor der Gefahr, der Infanteristen ausgesetzt waren? Oder war Tapferkeit nur ein Begriff, der ihn dazu anspornen sollte, für den Ruhm anderer durch Kartätschenbeschuss zu laufen?

»Sergeant.«

Tamas schaute hoch und stellte fest, dass sich Captain Pereg zu ihm in die Wachstube gesellt hatte. Er spürte, wie seine Wut hochkochte, als er sich bemühte, ihm zu salutieren.

»Nein, lassen Sie das«, sagte Pereg mit gerunzelter Stirn. »Ich bin gekommen, um mich zu entschuldigen. Seske hat mir erzählt, dass er Ihnen keine Beförderung geben wird, und ich kann an Ihrer Miene ablesen, dass Sie genau diese Unterhaltung gerade gehabt haben.« Er verzog das Gesicht. »Ich weiß, dass Sie enttäuscht sind und dass es kein großer Trost ist, aber ich habe ein Empfehlungsschreiben für Ihre Akte in Adopest verfasst. Ich bin mir sicher, dass eine Kopie davon jemand anderem als General Seske in die Hände fallen wird.«

»Vielen Dank, Sir«, sagte Tamas.

»Nein, ich danke Ihnen. Ich wollte Sie wissen lassen, dass ich meine Beförderung verweigern werde mit der Begründung, dass Sie keine erhalten haben.«

»Das ist nicht nötig, Sir«, antwortete Tamas.

»Das ist das Mindeste, was ich tun kann. Wenigstens ein Offizier der adronischen Armee sollte etwas Wertschätzung für Ihre Leistung zeigen.«

Tamas dankte Pereg erneut und ging wieder hinaus in die Hitze der Wüstensonne. Er hielt inne, um durchzuatmen, und schaute hinunter auf seine kaputten Hände. Ein Gehstock war vielleicht keine schlechte Idee, zumindest bis Seske ihm Zugang zu einem Privilegierten-Heiler verschaffte.

Er runzelte die Stirn und schaute hoch, als er die plötzliche Stille bemerkte.

Jeder einzelne Soldat, der an der Reparatur des Forts beteiligt war, hatte aufgehört zu arbeiten. Sie schauten zu ihm und blinzelten gegen das Sonnenlicht. Einer von ihnen hob die Hand zum Salut. Nach und nach taten es ihm die anderen gleich, bis ihm über hundert Infanteristen stumm salutierten.

Tamas wischte sich eine Träne aus dem Auge, richtete sich gerade auf und salutierte zurück. Ja, er hatte es für eine Beförderung getan, rief er sich in Erinnerung. Aber er hatte es auch für etwas Wichtigeres getan: um Leben zu retten, die ansonsten vergeudet worden wären. Und diese Infanteristen, diese guten Männer und Frauen, die ihm salutierten, wussten das.

Und sie würden sich daran erinnern.

Die Powder-Mage-Chroniken 1:
BLUTSCHWUR
ISBN 978-3-95981-668-7

Die Powder-Mage-Chroniken 2:
SCHICKSALSWENDE
ISBN 978-3-95981-726-4

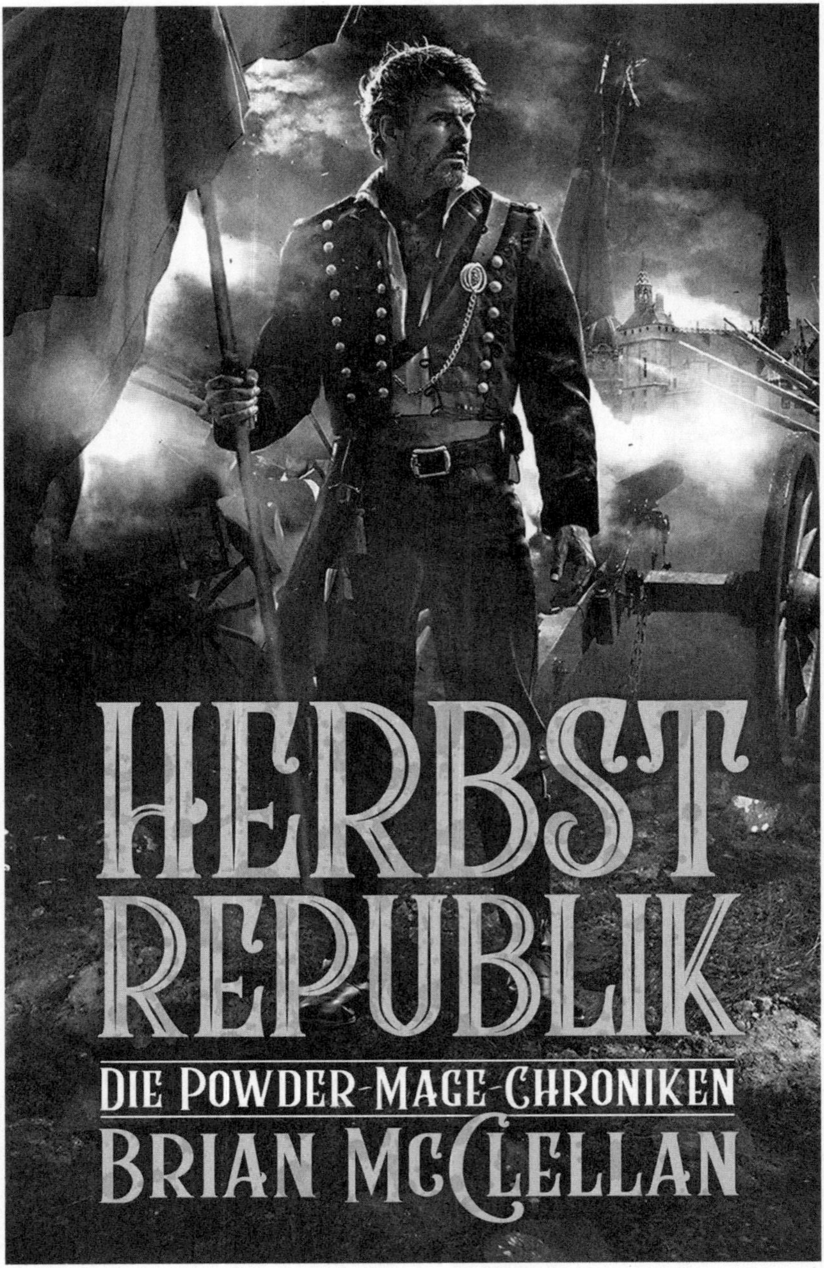

Coverillustration: René Aigner

Die Powder-Mage-Chroniken 3:
HERBSTREPUBLIK
ISBN 978-3-95981-386-0

Coverillustration: René Aigner

Die Powder-Mage-Chroniken :
DAS FEUER DER REVOLUTION
Novellen aus dem Powder-Mage-Universum (Sammelband)
ISBN 978-3-96658-397-8 | Mai 2021

Einzeln nur als E-Books erhältlich

Coverillustration: René Aigner

Die Powder-Mage-Chroniken:
IM DIENST DER KRONE – Eine Novelle
E-Book-ISBN 978-3-96658-400-5 | Mai 2021

Die Novellen aus dem Powder-Mage-Universum

Coverillustration: René Aigner

Die Powder-Mage-Chroniken:
MORD IM KINNEN-HOTEL – Eine Novelle
E-Book-ISBN 978-3-96658-401-2 | Mai 2021

Einzeln nur als E-Books erhältlich

Coverillustration: René Aigner

Die Powder-Mage-Chroniken:
DIE GEISTER DES TRISTANMOORS – Eine Novelle
E-Book-ISBN 978-3-96658-402-9 | Mai 2021

Die Novellen aus dem Powder-Mage-Universum

Coverillustration: René Aigner

Die Powder-Mage-Chroniken:
DIE VERRÜCKTEN LANZENREITER – Eine Novelle
E-Book-ISBN 978-3-96658-403-6 | Mai 2021